I0087165

www.ingramcontent.com/pod-product-compliance
Lightning Source LLC
Chambersburg PA
CBHW060945040426
42445CB00011B/1003

* 9 7 8 0 6 1 5 5 9 4 9 2 7 *

به یاد فردوسی بزرگ زنده کنندهٔ زبان فارسی
بعد از چیرگی تازیان

مهدی شمشیری

خاندان آیت الله طالقانی

و اسرار مرگ او

با همکاری دکتر مهرداد خردمند پارسی

ISBN-13: 978-0615594927 (Mehdi\Shamshiri)

این کتاب، با شماره بالا، علاوه بر تارنمای ناشر، در سایر کتابفروشیهای
اینترنتی و معتبر نیز، برای خرید در دسترس علاقمندان قرار داده شده است

مشخصات کتاب:

نام: خاندان آیت الله طالقانی و اسرار مرگ او

نگارش: مهدی شمشیری   نوبت چاپ: نخست

تاریخ چاپ: ۱۳۹۰ خورشیدی برابر با ۲۰۱۱ میلادی

ناشر: www.Amazon.com/books

نشانی برای تماس با نگارنده: Mehdi Shamshiri
P.O. Box: 866672, Plano   TX. 75086-6672

طرح پشت جلد از پوراندخت یاسائی (شمشیری)

توضیح: نیمی از زمینهٔ اصلی تصویر روی جلد ازپشت یک جزوه (که توسط وزارت ارشاد اسلامی، به زبان عربی، ظاهراً، به تیراژ میلیونها نسخه، از بودجهٔ متعلق به مردم ایران چاپ و بطور مجانی در کشورهای عربزبان پخش شده بود) اقتباس شده است.

پیشگفتار:

نوشته دکتر مهرداد خردمند پارسی

رشد حوزه های "علمیه" و آخوندسازی در ایران

شاید همه ندانند که **رضا شاه پهلوی** تا جایی که در توان داشت در برابر دین فروشان، روحانیت سنتی و خرافه گرایی ایستاد، حوزهٔ نفوذ آنها را کوتاه و همبودگاه را برای رشد دنیاگرایی آماده نمود. ولی کمی پس از آغاز جنگ جهانی دویم و بدنبال فشار بیگانگان که ناچار به کناره گیری از پادشاهی و ترک ایران گردید، ملایان وابسته به انگلیس دمی تازه نموده و برای باز یافتن جایگاه آسوده ای که در زمان قاجارها از آن برخوردار بودند، آهسته آغاز بکار کردند و گام به گام و با برنامه‌های حساب شده بر پاد **محمدرضا شاه** وارد کارزار شدند. آنها نیروهای گروه دشمن در برابر خود در زمان **شاه** را از دو دید ارزیابی می نمودند: **نوگرایی** و **کمونیزم** که هر دو به دین داری و پیورزی اسلامی آنها زیان می رساند، نیروی آنها را کم می نمود و آنها را در ایران به حاشیه می فرستاد.

زمان‌بندی مبارزاتی آنها را می توان به دو دوره، از رفتن **رضا شاه** تا برکناری **مصدق**، و از ۲۸ مرداد ۱۳۳۲ تا انقلاب ۱۳۵۷ بخش نمود.

ملایان در دوران نخست دشمن بزرگ خود را **کمونیزم** و شاخه داخلی آن در ایران، **حزب توده** و همچنین بهکاری های **رضا شاه** می دانستند ولی چون نیروی چندانی نداشتند، ناچار شدند که با پاره ای از **قجرزادگان** و دوستان دیرین و همیشگی آنها و **"ملی ها"** همکاری کنند و نیروی تروریستی **فدائیان اسلام** را، که در گزینش آنها بود، برای پیش‌برد سیاست های ملی‌ها بکار اندازند تا به اهداف دینی خود نزدیکتر شوند. مذهبی ها با رهبری سیاسی **آیت الله کاشانی** بخش بزرگی از پشتیبانان **مصدق** را پدید آوردند و **مصدق** نیز برای برآوردن خواسته های آنان که در راستای رودرویی با **شاه** و توانایی روز افزون وی بودند با آغوش باز آماده همکاری بود. ولی گرد هم‌آیی بزرگ در روز ۱۴ اسفند ۱۳۳۱، روز مرگ استالین، پایان پشتیبانی بسیاری از مذهبی ها از **مصدق** بود و سبب شد که آنها از رشد کمونیزم در ایران وحشت بیشتری پیدا کنند و با پشتیبانی آمریکا و انگلیس که خطر کمونیزم را بزرگتر نموده بودند، **کاشانی** و نیروهای مذهبی پیرامن او را از همکاری با **مصدق** که دست توده ای ها را باز گذاشته بود، پرهیز داشته و بسوی **شاه** فراخواندند.

این نیز برای **شاه** و نیروهای پشتیبانش که خطر کمونیسم را راست و درست می دانستند، مناسب بود. میخ پایانی بر تابوت رهبری و نفوذ **مصدق** زمانی خورد که **مهستان** (مجلس شورای ملی) را از کار باز داشت و بست. این بازی

سیاسیِ اسلامگرایان برای بزرگ کردن و سپس بر پاد **مصدق** و پشتیبانی از **شاه**، نشان داد که نیروی های مذهبی و رهبرانشان هنوز در ایران از جایگاه مردمی برخوردار هستند و مانند جنبش تنباکو و انقلاب مشروطه می توانند در بازی‌های سیاسی سهمی بسزا داشته باشند و ناکامی های گذشته آخوندها ی واپسگرای مانند **مدرس** را می توانند از یادها بزدایند.

در دوران بیست و پنج ساله پس از ۲۸ مرداد ۱۳۳۲ تا پیروزی انقلاب ۱۳۵۷ کم کم سیاست آنها از همزیستی بی گزند با رژیم **شاه** به دشمنی با او و بهسازی های او دگرگون گردید و با مرگ **بروجردی** و بالا رفتن جایگاه اسلامی **خمینی**، دشمنی و ناسازگاری با رژیم افزایش یافت. در این دوره دین فروشان کار گذشته خود را نادیده گرفته و نخست برای رد گم کردن از **مصدق** و **جبهه ی ملی** پدافند نموده و آنها را به همکاری فراخواندند و در این دوره بود که از چپ‌ها و دشمن پیشین و آرمانی خود برای نابودی رژیم **شاه** کمک گرفتند. چپ‌ها به **جهان‌وطنی** و اسلامگرایان به **امت‌گرایی جهانی** باور داشته و هر دو به یکسان بی وطن و آرمانگرای بودند و رژیم **شاه** را سد راه آرمان خود می دانستند و توانستند با پیاده کردن نگر **"دشمن دشمن دوست است"** همکاری نزدیکی داشته باشند. ولی اسلامگرایان زیرک که سابقه ۱۴۰۰ ساله دارند، چپ‌های کوته بین را به مانند باروت انقلاب بر پادشاهِ نوگرای بکار گرفتند و شالوده همبودگاه را از هم پاشیدند و با کمک بیگانگان بر خر مراد سوار شدند.

نگاه کوتاهی به کار دین فروشان، شناخت ما را از اسلامگرایان بالا می برد تا دشمن ایران و شناسنامه ایرانی را بهتر بشناسیم.

بینش روحانیت در انقلاب مشروطه

روحانیت شیعه، پیروزی مشروطه ایرانی و دو شاخه شدن آخوندها به مشروطه و مشروعه خواه را گزند سختی به روحانیت ارزیابی می کنند. امید آنها به آن بود که در جنبش مشروطه مانند جنبش تنباکو که فتوای **میرزای شیرازی** برای تحریم تنباکو به خاطر نگهداری درآمد خمس و زکات از بازرگانان مسلمان، کشاورزان مقلد و نگهداری بازار بومی از سویی و پیشی گرفتن از رشد نوگرایی، بی دینی و آیین ترسایی از سوی دیگر در ایران، که با راهنمایی **سید جمال‌الدین اسدآبادی** و کمک **آیت‌الله نائینی** بیرون داده شده بود و مردم آن را پذیرفتند، این بار نیز مردم از آنها پیروی خواهند نمودند. ولی در جنبش مشروطیت وزنهٔ ملی و دنیاگرایانه (اندیشه‌های **حاج زین‌العابدین مراغه‌ای**، **عبدالرحیم طالبوف**، **میرزا فتحعلی آخوندزاده**، **میرزا ملکم خان**، **میرزا آقاخان کرمانی**، و ...) بر وزنهٔ اسلامگرایان (**سید جمال الدین اسدآبادی**، و ...) چربید و با دادن هوده‌هایی به آخوندها در قانون اساسی، کوشندگان آزادی، مشروطه را از خطر مشروعه دور نگهداشتند. پاره‌ای از این برتری‌ها چنین بود: اصل نخست، مذهب رسمی ایران اسلام و طریقهٔ حقهٔ جعفری اثنی‌عشری است و باید پادشاه ایران دارا و مروّج این مذهب باشد. اصل دویم متمم قانون اساسی مقررکرد که قوانین مصوب باید مطابق

شرع اسلام باشد. این اصل دویم سبب شد که **مدرس** بخواست آخوند های نجف و با گزینش بخت آزمایی (قرعه) وارد مهستان شود.

در زمان انقلاب مشروطه بیشتر علمای بزرگ شیعه با پشتیبانی انگلیس به این امید که خواهند توانست به آن نهضت درونمایه اسلامی ببخشند، از آن پشتیبانی کردند، از جمله آنها **آخوند خراسانی** و **محمد حسین نایینی** بودند. اسلامگرایان می گویند: "... با دخالت اجانب به جای بر سر کار آمدن دانشمندان اسلامی و اجرای احکام دین، فئودالها و غربزدگان و ایادی استکبار رهبری نهضت را به‌دست گرفتند و انقلابی را که علما با اهداف بلندی دنبال می‌کردند از مسیر اصلی‌اش منحرف ساختند و به جای آنکه دشمنان واقعی مشروطه را کیفر کنند، **شیخ فضل الله نوری** را بر دار کردند".

در همان دوران انقلاب مشروطه، **نائینی** یکی از این **آیت اللهها** کتابی بنام **" تنبیه الامه و تنزیه المله "** نوشت و از حکومت اسلامی پدافند نمود که مورد پذیرش **آخوند خراسانی** نیز قرار گرفت. سپس **خمینی** که از حوزهٔ قم بیرون آمد، **کشف‌الاسرار** را برای پدافند از حکومت اسلامی در زمان **شاه** نوشت و سرانجام به آرزوی ایران‌سوز خود رسید: http://www.ahsanalhadis.com/naeeni

بنیاد کشور عراق

با نیرومند شدن **رضا شاه** از نفوذ حوزوی آخوند ها کاسته شد و اگر آن بهکاری‌ها ادامه پیدا می کرد، شاید دستگاه مرجعیت شیعه برای همیشه از ایران بیرون می رفت. ولی از هم پاشیده شدن امپراتوری عثمانی و پدیداری کشور عراق سبب شد که بار دیگر دستگاه مرجعیت شیعه در دوران پایانی فرمانروایی قاجارها به ایران منتقل گردد و حوزهٔ علمیه قم نزدیک به تهران پایتخت ایران دوباره درخششی پیدا نماید. همچنین **رضا شاه** جلوی فرستادن پول شرعی مانند خمس، زکات، نذر و ... به نجف را گرفت و بودن حوزه در قم دسترسی علما را به پول آسانتر می نمود.

پس از شکست و نابودی امپراتوری عثمانی، نفوذ انگلیس در عراق بیشتر گردید. انگلیس برای نگهداری و دست یابی آسوده به نفت عراق، سیاست تازه ای را در منطقه پیاده نمود. بهره برداری آسوده تر انگلیس در عراق نیاز به راههای آبی عراق به خلیج پارس داشت و این را از جدا کردن پاره ای از خاک ایران در اروند رود می خواست بدست آورد. از طرف دیگر با پدید آوردن ناسیونالیسم افراطي و انعطاف ناپذیر **«پان عربیسم»** در برابر **"پان اسلامیسم"** که **اسدآبادی** پشتیبان آن بود در کشورهاي عربی و از جمله در عراق برنامه ریختند تا روند فروپاشي عثماني را تندتر نمایند. این دو دبستان **اسلامی-سیاسی** سبب دوشاخه شدن علمای شیعه گردید و پان عربیست ها سرانجام با دسیسه پدید آمدن کشور مستقل عراق و زیر نفوذ، و نه به حساب، تحت الحمایه‌ای را پذیرفتند و **ملک فیصل** در ۱۳۳۰ هـ.ق. تاجگذاری نمود و شاه عراق گردید.

نائینی یکی از آیت‌الله‌هایی بود که خود را در سیاست عراق درگیر کرده بود. او به همراه دیگر علمای شیعهٔ عراق علیه متفقین، به ویژه انگلیس، اعلان جهاد دادند. **نائینی** در جهاد عمومی مردم عراق به رهبری **میرزا محمدتقی شیرازی** که در سال ۱۳۳۹ق / ۱۹۲۰م صورت گرفت شرکت جست که هر دو فراخوان جهاد از دید متفقین بی اثر بود و سرانجام به سود انگلیس که خواهان هستی دادن به کشور عراق بود، تمام شد. کوشش **پان‌اسلامیست‌ها** آشکارا ناسازگاری با سیاست خودفرمانی عراق، در زمانیکه به نظر می رسید که ترکیه در پی آن است که موصل و تمامی شهرهای عراق را از چنگ انگلیس خارج سازد، بیشتر گردید. **ملک فیصل** با فتوای علمایی نظیر **آیت‌الله خالصی و آقا سید ابوالحسن اصفهانی و آیت‌الله نایینی** که خواهان تحریم پدافند از عراق در برابر ترکیه بودند، روبرو شد. این سه آیت‌الله همراه با **محمد حسین اصفهانی غروی و آیت‌الله سیدعلی شهرستانی** شوربختانه به ایران تبعید شدند و به حوزهٔ تازه بنیاد قم راه پیدا نمودند و ارمغان پان اسلامیزم بشکل اسلام گرایی را به ایران آوردند.

http://www.hawzah.net/FA/daneshvarview.html?DaneshvarID=3197

بنیاد حوزهٔ علمیه قم

در آن دوران حوزهٔ آخوند پروری قم ناتوان بود و پیش از آمدن **آیت‌الله حائری** به قم، **شیخ محمد تقی بافقی یزدی** از نجف به قم مهاجرت کرد و با هماهنگی با «**آیت‌الله حاج شیخ ابوالقاسم قمی**» و «**آیت‌الله حاج شیخ مهدی**» و «**آیت‌الله حاج محمد ارباب**» زمینه های بنیاد حوزه را فراهم‌آورده و **آیت‌الله شیخ عبدالکریم حائری** را از عراق (اراک فعلی) به قم آوردند. وی که در سال ۱۲۹۳ خورشیدی (۱۳۳۲ قمری) از نجف به اراک آورده شده بود در سال ۱۳۰۱ خورشیدی (۱۳۴۰ قمری) (دو سال پس از کودتای **رضا خان**)، در زمانی که از زیارت مشهد مراجعت مینمود، پس از رسیدن به قم، ظاهراً بنا به دعوت جمعی از روحانیون آن شهر در آنجا ساکن شد و حوزهٔ علمیه قم را بنیاد نهاد و کوشش نمود که مرجعیت شیعه در ایران را باز سازی و نیرومند سازد. او حوزه را برای آمدن دیگر آیت‌الله ها از عراق به ایران آماده نمود. جای شگفتی نیست که **حائری** و سایر روحانیون قم بیرون و **مدرس** درون مهستان با کارهای سودمند **رضا شاه،** از جمله کشف حجاب، ناسازگاری کردند و این یک نمونه از کار این حوزه برای

جلـــوگیری از پیشـــرفت در ایـــران و زن ســـتیزی مـــی باشـــد.
http://www.tebyan.net/index.aspx?pid=79942

در زمان نخست وزیری **رضا خان،** مهستان فرماندهی ارتش را بـه او داد. بنا براین **احمد شاه** نمی توانست او را برکنار کند (کاری کـه **مصدق** پیش از برکناری می‌خواست انجام دهد). در همین دوران نیز مردم بـه دگرگونی رژیم پادشاهی به جمهوری سازگار بودند ولی سه **آیت الله اصفهانی، نائینی و حائری** با رضا خان رایزنی نموده، رأی او را دگرگون نمودند. بزرگترین دلیل ناسازگاری آیت‌الله هـای بیـرون از مهسـتان و **مـدرس** در درون مهسـتان نگهـداری دسـتگاه پادشـاهی بـود کـه ماننـد خلافـت و ولایـت بـه رای مـردم نیـازی نداشـت. دویـم جمهوریت بـرای آنها برابـر بـا دنیانگری و بـی دینـی بـود و ایـن بـرای آنهـا مـورد پذیرش نبود. در ادامهٔ این سیاست کسانی مانند **آیت‌الله کاشانی** به نمایندگی مهستان رسیدند و در ستایش از **رضا شاه** و پادشاهی وی، سخنرانی های پرشوری کردند **(حسین مکی)**.

پس از مرگ **خمینی، واعظ طبسی** کـه پر قدرت‌ترین آیت‌الله در ایران است، خواهان دوری از شورایی شدن رهبری و سپردن رهبری بـه دست **علی خامنه ای** یار پیشین او در مشهد شد. بی‌خود نیست که **واعظ طبسی** در حال حاضر خواهان سلطنت فقیه است.

بـا مرگ **آیت‌الله حـایری** در قم و **ابوالحسن اصفهانی** در نجف و رسیدن مرجعیت به **آیت‌الله بروجردی** حوزهٔ قم کارش بالا گرفت و به عنوان کانون هدایت اندیشه پاد کمونیستی و پاد نوگرایی در آمد و کار دسترسی به مراجع در داخل ایران، به جای نجف، را آسانتر نمود. از برنامه‌های این حوزه، نوین‌کردن دستگاه شیعه‌گری بود تا با نوگرایان، کمونیست‌ها، بهائیان و پیروان **کسروی** ستیز کنند و این آغازی برای دسترسی به شهریاری آخوندها بود.

رشد حوزه‌های علمیه

حوزهٔ علمیه قم پس از اسلام دارای پنج دوره بوده است و حال دوران پنجم آن میباشد که با سرمایه گذاری و وابستگی این نهاد به جمهوری اسلامی پر شکوفا ترین دوران خود را سپری میکند.

در زمان **رضا شاه،** پیش از کوتاه کردن دست‌اندازی‌های آخوندها در کار کشوری، شماره طلبه ها به ۷۰۰نفر رسیده بود. در سال ۱۳۲۶ پنجاه مدرسه و ۲۰۰۰ شاگرد در قم بود ولی در سال ۱۳۳۵ شمار آخوند ها به ۵۰۰۰ نفر رسیده بود و شمار دانش آموزان **خمینی** ۵۰۰ نفرگردید **(ر. جعفریان** ۲۳۷، ۳۸) .

این دستگاه برای جمهوری اسلامی و نگهداری آن تا کنون بسیارسودمند بوده و در زمان فرمانروایی جمهوری اسلامی گسترش زیادی پیدا نموده است.

نخستین گام برای ولایت‌سالاری با گزینش مجلس خبرگان آغاز شد که از ۷۳ نماینده، ۵۱ نفر معمم بودند . . . **(محمد فلکی)**

در این زمان روی هم رفتـه ۲۲۸ حـوزهٔ زنانـه و مردانـه (دوره‌های بلند مدت) زیر فرمان حوزهٔ علمیه قم در ایران دایر است. سرکردهٔ کنونی شورای عالی

جامعه مدرسین حوزهٔ علمیه قم، **آیت الله مصباح یزدی** است. حوزه‌های علمیهٔ سه استان خراسان شمالی، جنوبی و رضوی به دست **آیت‌الله واعظ طبسی** برگزیدهٔ **آیت‌الله خامنه‌ای** اداره می شود و از حوزهٔ علمیه قم آزاد است. حوزهٔ علمیهٔ شهر اصفهان نیز آزاد از حوزهٔ علمیه قم اداره می شود و سرکردهٔ آن نیز به دست **آیت‌الله خامنه‌ای** برگزیده می شود، که سرکرده بزرگ آن اکنون **آیت‌الله حسین مظاهری** است.

در ایران ۱۳۰ هزار طلبه در حال دانش آموزی شیعه‌گری هستند که ۳۰ هزار تن از آنها زن می باشند. گفته میشود نزدیک به۳۰۰ هزار دین فروش خانم و آقا و ۷۰ هزار مسجد هست که برای هر هزار شیعه یک مسجد در ایران هستی دارد. با در نگر گرفتن اینکه بیشتر این طلبه‌ها از کمک دولتی استفاده می کنند میتوان حدس زد که چه پول هنگفتی خرج نگهداری این حوزه‌ها میشود و چگونه این نهاد به رژیم و پول نفت و بازرگانی وابسته شده است.

در ایران در حدود۴,۶ میلیون دانشجو هست که ۴۳٪ یا در حدود ۲ میلیون در رشته‌های دانش‌های همبودگاهی آموزش می بینند و **خامنه‌ای** می خواهد این را به ۳۶٪ کاهش دهد. به این چم که در برابر هر ۱۵ دانشجوی دانش‌های همبودگاهی، یک طلبه در حال آموزش دینی است. از زمان **رضا شاه** تا کنون شاید جمعیت ایران چهار برابر و شمار طلبه ها ۱۸۵ برابر شده است و این ژرفای شوربختی همبودگاه اسلام زده ایران را نشان میدهد و کسی ایراد نمی گیرد که چرا به این اندازه دین فروش زن و مرد نیاز است ولی برای شمار دانشجویان رشته های دانش های همبودگاهی که خود باید شهریه بدهند، این گونه تنگنا درست کرده اند.

http://balatarin.com/permlink/2011/5/19/2519732

جالب آنکه با گسترش این حوزه‌های آخوندسازی، جامعهٔ مدرسین از تمام آیت الله‌های کوچک و بزرگ و ۳۰۰ هزار "دین فروش" تنها شش نفر را واجد شرایط مرجعیت می داند که همه بجز **آیت‌الله سیستانی** در ایران هستند. این نیز باز راهی برای کنترل رهبری روحانیت شیعه می باشد.

گسترش بی‌خردانه دستگاه دین‌فروشی

در کشورهای باختر، کلیسا و شهریاری از هم جدایند ولی در جمهوری اسلامی دستگاه دین سالاری مانند سلسله پی(اعصاب) آن رژیم رفتار می کند و به دستگاه پشتیبان‌یابی، جاسوسی، گزارش رسانی و دروغ پراکنی دگرگون شده است. این دستگاه از راه حوزه‌های اسلامی با بیت **خامنه ای** در ارتباط می‌باشد. برای همین است که بخشی از سپاه و بسیج کوشش می کنند که بخشی از حوزه‌ها و آیت‌الله‌ها را در گزینش خود درآورند و یا آخوند سپاهی بسازند.

نهاد های همگانی در کشورهای مردمسالار و نوین به کارهای سودمند و تولیدی و خدماتی پرداخته، یا از مردمسالاری پدافند نموده و خدمات ارزشمندی به مردم پیش کش می‌کنند. در برابر، دستگاه دین داری نه تنها در کار تولید و خدمات همبودگاهی و سودمند، کاری انجام نمی‌دهند بلکه هزینهٔ سرسام آوری دارد که در راه پخش خرافات و افسانه های دینی خرج میشود و نهادی مردمسالار و همه

گرای نیست، از سوی شهریاری کشورهای پیشرفته پشتیبانی نمی‌شوند و از جیب مردم دین‌دار بودجهٔ آن فراهم میشود. ولی در ایران این دستگاه بزرگ آخوندی که ابزار آلوده کردن اندیشهٔ ایرانیان بوده و هست، نه تنها ثروت تولید نمی‌کند بلکه از هزینه کشوری برای خود و خانواده هایشان بهره می گیرند و این باری بر دوش زحمکتشان ایران می باشد. این هزینه آموزشی باید صرف آموزش و پرورش دانشجویان رشته‌های غیردینی شود تا برای همه در آینده ثروت و خدمات تولید کنند تا کشور از سرمایه گذاری در آموزش آنها بازده چشم گیری داشته باشد. سرمایه‌ای که از جیب مردم خرج دستگاه آخوند سازی میشود، سرمایه‌ای سوخته ارزیابی میشود که نه تنها بازده‌ای ندارد بلکه تا پایان زندگانی آنها مردم باید جور آنها را بکشند. در کشوری که ۸۰% از درآمدش از فروش نفت است و تازگی ۱۰ میلیون نفراز گرفتن یارانه در مرحله دوم حذف شده است و از لحاظ تولید ناخالص داخلی در رده ۷۳-۸۷ (آمارهای گوناگون)در دنیا قرار دارد تا کی مردم می توانند در برابر این ولخرجی های بیهوده سکوت کنند؟

- http://www.gozargah.com

باری این دستگاه بزرگ زالو پرور هم اکنون، و نیز در آینده، برای جمهوری اسلامی و مردم ایران مشکل پیش خواهد آورد. این نهاد مذهبی در کنار سپاه و بسیج و دیگر دسته‌های شبه ارتشی، بخش بزرگی ازدستگاه سرکوب و پشتیبانان رژیم جمهوری اسلامی را درست می‌کنند که بار اقتصادی آنها بر دوش مردم است و سرانجام فشار نگهداری این دستگاه بزرگ ستمگرانه به نابودی جمهوری اسلامی کمک خواهد نمود.

نخش خمینی

بدون شک **خمینی** در پدید آوردن این دستگاه بزرگ ولایت مطلقه فقیه و جنایات ناشی از آن نخش کلیدی داشته است. از روز نخست، **خمینی** با ترفند تشکیل **"شورای انقلاب"**، روحانیون مورد علاقه خود را در آن جای داد تا در برابر **طالقانی**، روحانی ای که پشتیبان زیادی بین نیروهای ملی داشت، بایستد. در فراخوانی که از سوی روحانیت برای شرکت در شورای انقلاب داده شده بود، نامی از **طالقانی** نیآورده بودند. **محمد فلکی** می گوید،"... به بهانه‌های پوچ از **آقای طالقانی** که در آن موقع انقلاب را در ایران رهبری می‌کرد دعوت نکردند، اگرچه در حقیقت برای این بود که به کسی که معتقد به شرکت نمایندگان همه اقشار ملت در چنین شورایی بود اجازه‌ی حضور در چنین جمعی از روحانیون را ندهند و خود یکه‌تاز میدان باشند. بنظر من اندیشه‌ی ولایت مطلقه فقیه از همان روزها در فکر آقایان وجود داشت"(www.roozonline.com). **طالقانی** پروندهٔ مبارزاتی چشمگیرتری از **خمینی** داشت و در بین مردم بعنوان **"روحانیِ روشن اندیش"** شناخته شده و همکار **بازرگان** و سحابی در **نهضت آزادی** بود.

از دید **خمینی** پیشرفت آن گروه روحانی- دانشگاهی برای ملایان و اسلام حوزوی زیانبار بود. شگفت انگیز نیست که به فرمان **خمینی** و ولایت گرایان با **طالقانی، بازرگان و خانواده سحابی** تا کنون بدرفتاری شده است. **طالقانی** از روز

نخست موی دماغ **خمینی** بود و برای در دست گرفتن ولایت مطلقه فقیه می بایست **طالقانی** را از سر راه خود بردارد. **طالقانی** آدمی نبود که او را مانند **بنی صدر** از ایران بیرون کنند و یا مانند **قطب زاده** با خیال راحت اعدام نمایند و یا مانند **بازرگان** کنار بگذارند. پس از راه دیگری باید او را از میان می بردند تا آب آز آب تکان نخورد. کوشش **استاد شمشیری** در این کتاب روش کردن این دسیسه برای از بین بردن **آیت الله طالقانی** می باشد.

خاندان آیت الله طالقانی و اسرار قتل او

فهرست مطالب

ذ

ر

ز

پیشگفتار کلی

خاندان آیت الله طالقانی و اسرار قتل او

خلاصه ای از مطالب اصلی کتاب

روز ۲۸ اسفند ۱۳۵۸، که تنها ۳۶ روز از استقرار رسمی رژیم جمهوری اسلامی گذشته بود، نخستین شورش مسلحانه بر ضد دولت جدیدالتأسیس به وقوع پیوست. برخی از عشایر کرد در سنندج شورش کرده و پس از اشغال رادیوی آن شهر، پادگان لشکر ۲۸ کردستان و مرکز ژاندارمری را به محاصره درآوردند. در این شورش دست کم ۱۲۰ نفر کشته و بیش از ۲۰۰ نفر مجروح شدند.

دو روز بعد، یعنی در تاریخ اول فروردین۱۳۵۸، هیئتی از رجال ارشد جمهوری اسلامی، به ریاست **آیت‌الله طالقانی**، از سوی کمیته امام خمینی انتخاب شده و برای مذاکره با شورشیان و پایان دادن به شورش آنان به سنندج پرواز نمودند.

آیت‌الله طالقانی روز دوم فروردین در نشست بزرگی در سنندج سخنرانی کرد و، طی آن، با پذیرش نخستین درخواستهای شورشیان، دستور انجام انتخابات برای تشکیل شورای شهر سنندج را صادر نمود و جالب اینکه تعیین سایر اختیارات مورد درخواست شورشیان را نیز به عهدهٔ آن شورا واگذار کرد!

بلافاصله تشکیل چنین شورائی مورد درخواست تمام شهرها و روستاهای کردستان و نیز ساکنان سایر نقاط ایران، که به زبانی غیر از زبان فارسی سخن میگویند، قرار گرفت. از جمله عناصر فرصت‌جو در گنبدکاووس، آذربایجان، خوزستان، و بلوچستان تشویق شده و با درخواستهائی مشابه کردها، شورشهائی به وجود آوردند که مهمترین آنها شورشی مسلحانهٔ به تحریک چریکهای فدائی خلق در گنبد کاووس بود که به کشته شدن ۲۰ نفر منجر گردید.

این وقایع بهانهٔ خوبی به دست **خمینی** داد تا اینکه بطور محرمانه دستور توقف رأی‌گیری برای انتخاب اعضای شورای شهر در سنندج را صادر کند و با این ترتیب عملاً توافقهای **آیت‌الله طالقانی** با شورشیان کرد در سنندج را باطل نماید. البته این کارها در شرایطی صورت گرفته که پاسداران جمهوری اسلامی تمام مواضع شورشیان کرد را تصرف کرده بوده‌اند.

طالقانی که از ندیده گرفته شدن توافقهایش با کردها به شدت ناراحت بوده، در خطبه‌های نماز جمعه و نیز در هر مراسم و جلسه‌ای که فرصت می‌یافته راجع به مزایای تشکیل شورا در استانها و شهرستانها برای ادارهٔ امور داخلی آنها صحبت و تبلیغ میکرده است. البته این سخنان و فعالیتها با هدف نهائی خمینی که استقرار قدرت مطلقهٔ خودش، به عنوان ولی‌فقیه، بوده مغایرت داشته است.

دستگیری یکی ازاعضای سرشناس و فعال مجاهدین خلق ایران به نام **محمدرضا سعادتی**، در اواخر بهمن یا ابتدای اسفند ۱۳۵۷ توسط کمیتهٔ انقلاب مستقر در سفارت آمریکا به اتهام جاسوسی برای روسیه موجبات تشدید یا افشای اختلافات **طالقانی** و **خمینی** را هم فراهم ساخته است.

ظاهراً **سعادتی** پس از شکنجه‌های فراوان به گناهان خود اعتراف کرده و نیز بعضی از هم‌رزمان و هم‌مسلکان خود را که در این ماجرا دخالت و یا از آن آگاهی داشته‌اند لو داده که یکی از پسران **طالقانی**، به نام **مجتبی**، در زمرهٔ آنان بوده است.

روز ۲۳ فروردین ۱۳۵۸، اتومبیلی که دو نفر از فرزندان **طالقانی**، به اتفاق همسر یکی از آنان، در آن بوده‌اند توسط اتومبیل دیگری که حامل شماری از پاسداران انقلاب بوده‌است، متوقف شده و پاسداران مذکور آن افراد را با همان اتومبیل متعلق به خودشان به کمیتهٔ سلطنت‌آباد برده‌اند.

آیت‌الله طالقانی پس از آگاهی از خبر بازداشت فرزندان خود، از تمام کمیته‌های انقلاب و سایر مراکزی که توسط پاسدارها اداره میشده‌اند، تحقیق کرده ولی همهٔ آنان در این مورد اظهار بی‌اطلاعی نموده‌اند تا اینکه بالاخره یک پسر دیگر **آیت‌الله** اتومببیل برادرش را در پارکینگ کمیتهٔ سلطنت‌آباد پیدا کرده و به پدر خود اطلاع داده است.

آیت‌الله طالقانی پس از این آگاهی بلافاصله دستور احضار و یا در حقیقت بازداشت مسئولان کمیتهٔ سلطنت‌آباد را صادر کرده و حتی پس از آزاد شدن فرزندانش اعلام نموده است که تا زمانی که مشخص نشود که چه کسی دستور بازداشت فرزندان وی را داده است، حاضر به آزاد ساختن آن مسئولان نخواهد شد و البته چون این دستوردهنده خود **خمینی** بوده لذا هیچکس قادر به افشای نام وی نبوده است.

بالاخره با پادرمیانی **دکتر ابراهیم یزدی**، معاون وقت نخست‌وزیر در امورانقلاب، و با سپردن تعهد تحقیق در این ماجرا و تعیین شخص یا مقامی که دستور این بازداشت را صادر کرده بوده است و مجازات وی، این مسئولان آزاد شده‌اند، که البته پس از آن هم هیچکس خبری از دستوردهندهٔ اصلی این ماجرا و مأموران اجراء نشنیده است.

آیت‌الله طالقانی به عنوان اعتراض به اینکه هیچ مقامی مسئولیّت بازداشت (ظاهراً) خودسرانهٔ فرزندان او را به عهده نمیگیرد، همراه با خانوادهٔ خود به نقطهٔ نامعلومی عزیمت کرده است.

در جریان رخداد بازداشت فرزندان **طالقانی** تقریباً تمام سازمانها، احزاب و گروههای بزرگ و کوچک که در آن زمان به صورت اسمی یا علنی وجود یا فعالیّت داشتند، همگی در جهت زشت شمردن آن عمل، یک یا چند اطلاعیه داده و آن را محکوم کرده‌اند.

سازمان مجاهدین خلق در اطلاعیه مورخ ۲۶ فروردین ۱۳۵۸ تمام نیروهای خود را، بدون قید وشرط، تحت نظارت و فرماندهی **آیت‌آلله طالقانی** قرار داده است.

حمایتهای همه‌جانبه و گسترده از طالقانی و درخواست بازگشت وی که هرروز بر دامنهٔ آن افزوده می‌شده است **خمینی** را به وحشت انداخته و پسر خود، **سید احمد**، را از قم به جستجوی او به تهران فرستاده است.

سید احمد نیز توسط نزدیکان **طالقانی**، که از محل اختفای او آگاهی داشته‌اند با او تماس گرفته و درخواست کرده است که که برای مذاکره و مصالحه با **خمینی** به قم برود.

طالقانی این درخواست را پذیرفته و در چهارشنبه‌شب ۲۹ فروردین ۱۳۵۸ به همراه دخترش، **اعظم**، به قم رفته و مدت یک ساعت و نیم، در منزل **سیداحمد**، با **خمینی** به گفتگو نشسته است.

در این گفتگوها **خمینی** نه تنها با پیشنهاد **طالقانی** در مورد تشکیل شورا در استانها و شهرستانها موافقت کرده، بلکه از **طالقانی** درخواست نموده است که خود او سرپرستی اجرای این برنامه را به عهده بگیرد.

طالقانی در اجرای این توافق و مأموریتی که به عهده گرفته بوده، در مدتی کوتاه طرحی تهیه کرده و جهت اجرا به وزارت کشور فرستاده است ولی وزارت کشور (مسلماً با دستور محرمانهٔ **خمینی**) آن را مسکوت گذارده است.

در این شرایط بار دیگر آتش خشم **طالقانی** شعله‌ور شده و به عنوان اعتراض به این امر، بطور محرمانه، استعفای خود را از شورای انقلاب برای **خمینی** فرستاده است. از پاسخ **خمینی** به **طالقانی** اطلاعی در دست نمی‌باشد و داستان این استعفاء نیز پس از مرگ **طالقانی** فاش شده است.

انتخابات مجلس بررسی قانون اساسی در تاریخ جمعه ۱۱ مرداد ۱۳۵۸ در سراسر ایران انجام شده و **سید محمود طالقانی** به عنوان نفر اول انتخاب شده است.

متن پیشنهادی پیش‌نویس قانون اساسی جمهوری اسلامی ایران از سوی وزیر وقت مشاور در طرحهای انقلاب، در تاریخ ۲۴ خرداد ۱۳۵۸ منتشر شده که در آن نه تنها کوچکترین اشاره به ولایت فقیه وجود نداشته بلکه در اصل ۳ آن تشکیل شوراهای مورد نظر **آیت‌الله طالقانی** نیز پیش‌بینی شده بوده است.

اما در همان نخستین روزهای شروع به کار مجلس بررسی قانون اساسی معلوم شده است که **آیت‌الله منتظری** و **دکتر محمد حسین بهشتی**، که به ترتیب رئیس و نایب رئیس آن مجلس بوده‌اند (مسلماً با دستور و موافقت **خمینی**) تصمیم دارند که اصل ولایت فقیه را در پیش‌نویس قانون اساسی بگنجانند و آن را به تصویب برسانند.

در این شرایط **آیت‌الله طالقانی** تصمیم به صف‌آرائی و قدرت‌نمائی در مقابل **خمینی** و دو نفر مذکور گرفته و اعلام کرده است که نماز جمعهٔ ۱۶ شهریور ۱۳۵۸ را در بهشت‌زهرا در کنار آرامگاه شهدای انقلاب برگزار خواهد کرد. **طالقانی در این نماز جمعه به شدت خواستار تشکیل شوراها شده است تا مردم متکی به شخص رهبر نباشند.**

در نخستین جلسهٔ بررسی قانون اساسی که پس از آن نماز جمعه، در روز یکشنبه ۱۸ شهریور ۱۳۵۸، تشکیل شده، اصل پنجم قانون اساسی، مربوط به "ولایت فقیه"، مطرح گردیده و اکثریت نمایندگان حاضر به آن رأی مخالف داده‌اند.

با این ترتیب، برای به تصویب رساندن اصل ولایت فقیه، **نابودی فوری و بدون تأخیر طالقانی** اجتناب‌ناپذیر شده و وی همان شب بعد از پایان همان جلسه، **در منزل پدر عروس خود، به طرز مشکوکی جان سپرده است.**

در آن زمان کمتر کسی بوده است که به طبیعی بودن مرگ **طالقانی** معتقد باشد و بیشتر مردم بر این عقیده بوده‌اند که وی به قتل رسیده است و در همه جا این شبه‌بیت آهنگین را، که حاوی نظرشان بود، برای یکدیگر میخواندند: **بهشتی، بهشتی، طالقانی را تو کشتی!**

به دستور خمینی از کالبدشکافی جسد طالقانی، توسط پزشکی قانونی، به منظورتعیین علت واقعی مرگ وی جلوگیری به عمل آمده است.

در نخستین جلسهٔ مجلس بررسی قانون اساسی که پس از فوت ناگهانی **طالقانی**، در تاریخ ۲۱ شهریور ۱۳۵۸، تشکیل شده است **آیت‌الله منتظری و دکتر محمدحسین بهشتی**، اصل پنجم قانون اساسی مربوط به ولایت فقیه را که در جلسهٔ پیش رد شده بود، با مختصر تغییری که در آن داده بوده بودند، مجدداً مطرح ساخته و به تصویب رسانده‌اند!!

4

بخش نخست

شرحی مختصر درخصوص
پدر آیت‌الله طالقانی و خود او

آقا سید ابوالحسن، پدرِ **آیت‌الله طالقانی**، در نیمه دوم سلطنت **ناصرالدینشاه قاجار**، گویا در سال ۱۲۷۸ ق. (۱۲۴۰ خورشیدی)، در قصبهٔ **گلیرد طالقان** به دنیا آمده است.

وی در نوجوانی برای دروس مذهبی به **قزوین**، که نزدیکترین شهر به **طالقان** می‌باشد، مسافرت کرده است.

در آن روزها **کربلا**، **نجف**، و **سامراء** که در خاک عثمانی قرارداشته‌اند، از مهمترین مراکز مذهبی شیعه محسوب می‌شده‌اند و پس از شهرهای مزبور، در ایران نیز شهر **اصفهان** از این جهت دارای مرکزیت بوده است.

در این سه مرکز، طلبه‌ها می‌توانسته‌اند در مدرسه‌های مذهبی منزل داشته باشند و مختصر وجهی نیز به عنوان شهریه جهت مخارج زندگی خود دریافت نمایند.

افزون بر این مراکز، در بسیاری از شهرهای ایران در هر کجا که یک نفر **مجتهد** یا **آیت‌الله** اقامت داشته، برای خود حوزه‌ای درسی ترتیب داده بوده است.

در بیشتر این حوزه‌های مذهبی، طلبه‌ها فقط می‌توانسته‌اند دروس مشهور به **مقدمات** را یاد بگیرند ولی در برخی از آنها تمام یا قسمتی از دروس **سطح** نیز تدریس و یا درحقیقت و به اصطلاح حوزوی، مباحثه می‌شده و تنها در یکی دو شهر، مانند **مشهد**، دروس مشهور به **خارج** نیز مورد بحث قرار می‌گرفته است.

درمورد شهر **قزوین** می‌دانیم که، این نخستین پایتخت **پادشاهان صفوی**، در تمام دوران سلطنت این پادشاهان نیز (پس از **اصفهان**) به عنوان دومین مرکز آموزش **فقه جعفری** و اصول دین تشیع محسوب می‌شده است.

در دوران هشتمین **پادشاه صفوی**، یعنی **شاه سلیمان**، یکی از روحانیون آن زمان به نام **ملا محمدکاظم طالقانی** (متوفی ۱۰۹۴ ق.)، که در اصل اهل یکی از روستاهای **طالقان** به نام **برغان** بوده، یک مدرسه مذهبی به نام **نواب** در **قزوین** بنا کرده و خود در آن به تدریس علوم مذهبی پرداخته است.

گویا این شخص در محدوده‌ی **قزوین** تمام ویژگیهای یک پیشوای بزرگ روحانی و صاحب کرامت را دارا بوده است. یعنی به عنوان حاکم شرع **قزوین** درمورد تمام اختلافات بین مردم به قضاوت و صدور حکم می‌پرداخته، افزون بر آن به انجام اموری از قبیل خرید و فروش اموال غیرمنقول، ازدواج و طلاق، صدور احکام حدّ و تعزیر درمورد گناهکاران و مجرمان هم می‌پرداخته است و مأموران خود وی نیز آن احکام را به مرحله‌ی اجرا درمی‌آورده‌اند.

فرزندان و فرزندزادگان این شخص که بیشتر در زمرهٔ روحانیون بنام محسوب می‌شده‌اند و می‌شوند، با استفاده از وجوه مفت شرعیه، مرتب به تولید مثل اشتغال داشته‌اند. بطوری که در حال حاضر طوایف و خاندانهای بی‌شماری هر یک مشتمل بر خانواده‌های بسیار در قزوین، قم، نجف، کربلا و برخی شهرهای دیگر در ایران و عراق، هر یک با صدها نفر عضو، نسبت خود را به همین شخص می‌رسانند. از جمله می‌توان خاندانهای زیر را نام برد:

آل نحوی – آل برغانی – آل صالحی – آل عطار – آل علوی شهید – آل شهید ثالث – آل فشندی و ...

آل شهید ثالث، نسبتشان به **ملا محمدتقی برغانی** می‌رسد، که این شخص همان پدرشوهر و عموی **زرین‌تاج**، ملقب به **قرةالعین** یا **طاهره** می‌باشد، که با استفاده از همان وجوه شرعیه به تنهایی افزون بر **دختران** فراوان، **ده فرزند پسر** هم از خود به جای گذاشته بوده است و هم اکنون پس از سه، چهار نسل شمار فرزندزادگان وی به قدری زیاد شده‌اند که خودشان نیز از شمار واقعی افراد خاندان خود آگاهی ندارند و بیشتر هم یکدیگر را نمی‌شناسند!

در هر حال، **طالقانی** بودن روحانیون متنفذ قزوین، افزون بر اینکه باعث افتخار برای اهالی تمام روستاهای **طالقان** بوده، زمینه‌های تشویق جوانان بسیاری از این روستاها را نیز جهت تحصیل در قزوین فراهم ساخته بوده است. به این امید که شاید روزی به مقامی نظیر روحانیون مذکور دست یابند. یکی از این جوانان، همانطور که گفته شد، **سید ابوالحسن طالقانی** بوده، که در نیمه‌ی دوم سلطنت **ناصرالدینشاه قاجار**، در سالی که ما از آن اطلاعی نداریم، به **قزوین** رفته است.

آنسان که پیداست، هزینه‌های مختصر ماهانه‌ی پرداختی به طلبه‌ها و محصلان مذهبی قزوین کفاف مخارج زندگی آنان را نمی‌داده است و آنان برای امرار معاش خود مجبور به پیدا کردن یک کار دیگر جهت کسب درآمد بوده‌اند و طبیعی است که بیشتر به علت نداشتن کوچکترین مهارت، جز در کارهای پادوئی و عملگی کاری نمی‌یافته‌اند و به همین جهت **آقا سیدابوالحسن** نیز در نزد یک نفر ساعت‌ساز قزوینی به عنوان شاگرد به خدمت اشتغال یافته است.

بطوری که از زبان پسرش **آقا سیدمحمود** گفته شده، وی چندی هم در سامراء و کربلا (در بین‌النهرین آن زمان و عراق کنونی) به ترتیب در محضر درس **میرزای شیرازی** و محضر درس **سیداسمعیل صدر** شرکت کرده است.

در هر حال، وی پس از مدتی که طول آن هم برای ما نامعلوم می‌باشد، با عبا و عمامه به **گلیبرد** بازگشته است. ولی گویا معلومات و اطلاعات مذهبی که وی در مدت اقامت در قزوین (و بی‌گمان در بین‌النهرین) کسب کرده بوده، ارزش چندانی نداشته است، پس به همین علت و نیز به علت اینکه آخوند دیگری پیش از او، به اصطلاح میخ خود را در **طالقان** محکم بر زمین کوبیده بوده و تصدی امور شرعی

مردم را به عهده داشته است به ناچار وی در ردیف واعظان معمولی آن خطه قرار گرفته و در عین حال مغازه‌ی کوچکی نیز برای تعمیر ساعت در همان قصبه باز کرده است.

آقا سیدابوالحسن پس از مدت کوتاهی با زنی به نام **فاطمه** ازدواج کرده و از این ازدواج فرزندی متولد شده است که وی را **سیدمحمود** نام نهاده‌اند.

به موجب شناسنامه‌ای که **آقا سیدمحمود** بعدها در سال ۱۳۰۸ خورشیدی در قم به شماره‌ی ۳۶۵۷۶ برای خود گرفته، سال تولد وی ۱۲۸۲ خورشیدی (بدون ذکر روز و ماه) ذکر شده است که با سالهای ۱۳۲۱ قمری و ۱۹۰۳ میلادی مطابق می‌باشد.

هرچند به نظر می‌رسد که این تاریخ به حقیقت نزدیک باشد ولی وی بعدها مدعی شده است که تاریخ واقعی تولد وی به موجب نوشته‌ای که در پشت یک جلد قرآن وجود دارد، چند سال کمتر از این تاریخ می‌باشد.

در هر حال، در **طالقان** با وجود رقیب و یا رقیبان معمم و باسابقه، بازار شرعی و روضه‌خوانی **آقا سیدابوالحسن** از رونق لازم برخوردار نشده و نیز از بین ساعت‌داران انگشت‌شمار طالقانی، کسانی که ساعتشان خراب و محتاج تعمیر می‌شده است، خیلی زیاد نبوده‌اند، پس **آقا سیدابوالحسن طالقانی** به اتفاق همسر و فرزند(ان؟) خود به **تهران** نقل مکان کرده و در محله‌ی **قنات‌آباد** این شهر ساکن شده‌است.

بزرگ بودن **تهران** و زیاد بودن شمار مسلمانانی که در خانه‌ی خود ترتیب برگزاری مجالس روضه‌خوانی می‌داده‌اند، موجب شده است که **آقا سیدابوالحسن** نیز بتواند در میان روضه‌خوانان آن زمان جایی برای خود باز کند. ولی در عین حال باز هم برای کمک به خانواده‌ی خود مجبور شده‌است که مغازه‌ی کوچکی هم به منظور تعمیر ساعت در نزدیک منزل خود باز نماید و نیز فرزند خود، **آقا سیدمحمود**، را از همان کودکی جهت خواندن پامنبری به همراه خود به روضه‌خوانی‌ها ببرد.

آقا سیدمحمود که در نزد پدر خود و نیز در چند مکتب و نزد چند نفر آخوند کم‌سواد، خواندن و نوشتن، و خواندن سوره‌هایی از قرآن و مقداری معلومات دینی را فراگرفته بوده، از همان دوران نوجوانی معمم شده و به عنوان یکی از واعظان محله‌ی قنات‌آباد تهران به روضه‌خوانی پرداخته‌است.

این روال و روش زندگی بی‌دردسر و نحوه‌ی پول‌سازی ساده و بی‌زحمت تا سال ۱۳۰۷ خورشیدی، یعنی تا زمانی که **آقا سیدمحمود** به صورت جوانی بیست و چند ساله درآمده بود، ادامه داشته و در آن سال به ناگهان با تصویب **قانون توحید لباس** با خطر جدی روبه‌رو شده است.

قانون توحید لباس که طی چهارده ماده در **تاریخ ۶ دی‌ماه ۱۳۰۷** به تصویب **مجلس شورای ملی ایران** (در دوره‌ی هفتم) رسیده است، به شرح زیر می‌باشد:

"مادهٔ اول – کلیه اتباع ایران که بر حسب مشاغل دولتی دارای مشاغل مخصوص نیستند، در داخلهٔ مملکت مکلفند که ملبس به لباس متحدالشکل شوند و کلیهٔ مستخدمین دولت، اعم از قضائی و اداری،

مکلفند در موقع اشتغال به کار دولتی به لباس مخصوص قضائی یا اداری ملبس شوند و در غیر آن باید به لباس متحدالشکل ملبس شوند.
مادۀ دوم – طبقات هشتگانۀ ذیل از مقررات این قانون مستثنی هستند.
اولاً- مجتهدین از مراجع تقلید مسلم که اشتغال به امور روحانی داشته باشند.
ثانیاً- مراجع امور شرعیۀ دهات و قصبات پس از برآمدن از عهدۀ امتحان معینه.
ثالثاً- مُفتیان اهل سنت و جماعت که از طرف دو نفر از مُفتیان مهم اهل سنت اجازۀ فتوی داشته باشند.
رابعاً- پیشنمازان دارای محراب.
خامساً- محدثین که از طرف دو نفر از مجتهدین مجاز اجازۀ روایت داشته باشند.
سادساً- طلاب مشتغلین به فقه و اصول که در درجۀ خود از عهدۀ امتحان برآیند.
سابعاً- مدرسین فقه و اصول و حکمت الهی.
ثامناً- روحانیون ایرانیان غیر مُسلِم."

به موجب مواد سوم و چهارم قانون مربوط به اجرای قانون بالا، مقرر بوده است که قانون مزبور از تاریخ یکم فروردین ۱۳۰۸ در شهرها و قصبات، و تا فروردین ۱۳۰۹ در خارج از شهرها به مورد اجرا گذاشته شود.
به موجب ماده دوم قانون بالا، تکلیف تمام روحانیون از نظر معمم شدن، یعنی پوشیدن عبا و عمامه با توجه به نکات زیر تعیین شده بود:
۱ – در زمان تصویب آن قانون چند نفر **مجتهد** که به اصطلاح **آیات عظام** نامیده می‌شدند و از **مراجع مسَلَمِ تقلید** به شمار می‌رفتند در حوزه‌های مذهبی در ایران و عراق وجود داشته‌اند. هر یک از این افراد بطور مسلم از یک یا چند نفر از مجتهدان بزرگ پیش از خود دارای اجازه‌ی اجتهاد بوده‌اند. آن **چند نفر مرجع تقلید** همراه با **صدها نفر مجتهد دیگر** که با عناوین **آیت‌الله** یا **حجت‌الاسلام**، در سرتاسر ایران وجود داشته‌اند و از همین **مراجع تقلید** و یا از **مراجع تقلید متوفی** دارای **اجازه‌ی روایت** بوده‌اند، همگی به موجب بند نخست مورد بحث، به ادامه‌ی پوشیدن لباس روحانیت مجاز شناخته شده بودند.
۲ – **هزاران نفر آخوند و واعظ غیر مجتهد** دیگر در سرتاسر ایران وجود داشته‌اند که تا آن زمان دارای **اجازه‌ی اجتهاد** از هیچ یک از **مراجع تقلید** و یا **مجتهدان درجه نخست** نبوده‌اند. این افراد معمم، طبق بند پنجم قانون بالا، مکلف شده بودند که از دو نفر از آن صدها نفر **آیت‌الله** یا **حجت‌الاسلامِ** مجازِ موجود، **اجازه‌ی روایت** دریافت نمایند.
با توجه به جوّ شدید ضد **رضا شاهی** که در آن زمان در جامعه‌ی روحانیت ایران وجود داشته است، و نیزبا توجه به توصیه‌هایی که از سوی **مراجع تقلید** وقت برای **مجتهدان محلی** ارسال شده بود، این **مجتهدان درجه دوم** درمورد دادن **اجازه‌ی روایت** به **آخوندان** موجود سختگیری به عمل نمی‌آوردند و هر **آخوند** در صورت داشتن مختصر سواد و معلومات می‌توانست از دو نفر از این **مجتهدان**، **اجازه‌ی روایت** کسب کند و به پوشیدن لباس روحانیت ادامه دهد. به ویژه اینکه هر کدام از آن

آخوندان با یک یا چند نفر از این **مجتهدان درجه دوم** دوستی و آشنایی هم داشته است.
۳ – در آن زمان هنوز **دفاتر اسناد رسمی** در **ایران** وجود نداشته است و **روحانیون مجتهد یا مجاز** در شهرهای بزرگ و کوچک، اموری از قبیل ازدواج و طلاق مردم را انجام می‌داده و اسناد لازم را در این موارد و یا در موارد دیگر از قبیل تنظیم وصیت‌نامه، تنظیم قباله برای املاک غیر منقول و خرید و فروش آنها و از این قبیل را به انجام می‌رسانده و تأیید و امضاء می‌کرده‌اند. ولی همین امور در دهات و روستاها به عهده‌ی شماری افراد معمم قرار داشته که در هر حال سواد و معلوماتشان برای انجام این امور کفایت می‌کرده است.
چون این افراد در ارتباط با انجام امور مزبور، نیاز به اطلاعات و معلومات ویژه‌ای داشته‌اند، پس به موجب بند دوم قانون مزبور، ملزم به گذراندن امتحانی در همان ارتباط بوده‌اند و قرار بوده است که این امتحان نیز توسط خود روحانیون انجام شود.
۴ – تمام طلابِ فقه و اصول، در هر کجای ایران و در هر مرحله از تحصیل، به استناد بند ششم قانون، مجاز به پوشیدن لباس روحانیت بوده‌اند، مشروط بر اینکه مدرس یا مدرسین مربوط به هر یک از آنان گواهی نمایند که وی از عهده‌ی امتحانات مربوطه برآمده است.
۵ – در آن زمان هزاران مسجد در سراسر ایران وجود داشته است که بیشترشان دارای **پیشنماز** ویژه بوده‌اند. این افراد نیز که **پیشنماز** محراب‌دار نامیده می‌شوند، با هر درجه اطلاعات و معلومات که داشته‌اند، همگی به موجب بند چهارم قانون، درمورد ادامه‌ی پوشیدن لباس روحانیت مجاز شناخته شده بودند.
۶ – تمام مدرسان دروس دینی، یعنی کسانی که در حوزه‌های دینی یکی از رشته‌های فقه و اصول و حکمت الهی را تدریس می‌کردند نیز مجاز شده بودند که به پوشیدن لباس روحانیت ادامه دهند.

با این ترتیب فقط آن عده از روضه‌خوانهای معمم که به علت نداشتن سواد و معلومات کافی نتوانسته بوده‌اند اجازه‌ی لازم را از **دو نفر مجتهدِ مجاز** کسب نمایند، محکوم به خلع لباس روحانیت شده و مجبور بوده‌اند که پوشیدن آن لباس را ترک کنند.
شواهد موجود نشان می‌دهد که در این زمان **آقا سیدابوالحسن** و **آقا سیدمحمود** در زمره افرادی بوده‌اند که از نظر قانونی می‌بایست نسبت به ترک لباس روحانیت اقدام نمایند. ولی انجام این کار که سندی قاطع درمورد بی‌سوادی و یا کم‌سوادی آنان به شمار می‌رفته، برای هر دوی آنان بسیار شرم‌آور و ناگوار و فوق‌العاده دردناک بوده است.
سرانجام این دو نفر ترک تهران را بر ترک لباس ترجیح می‌دهند و به زادگاه خود، یعنی **گلپیرد** بازمی‌گردند.
البته گمان نمی‌رود که **سیدابوالحسن**، همانطور که پسرش ادعا می‌کرده، دارای اجازه‌ی اجتهاد از چند مجتهد مقیم بین‌النهرین بوده است و نیز گمان نمی‌رود که وی در آن زمان ترک تهران را به جهت اعتراض به **رضا شاه** و به منظور ادامه‌ی پوشیدن لباس روحانیت انجام داده باشد و بیشتر احتمال دارد که وی پس از

سالها ادعای اجتهاد، از اعتراف به نداشتن اجازه برای این ادعا و درخواست صدور اجازه از دو نفر مجتهد وقت شرم داشته است.

در هر حال **آقا سیدمحمود طالقانی** که **رضا شاه** را عامل این مصیبت بزرگ نسبت به خود و پدرش محسوب می‌داشته، کینه‌ی آن مرد بزرگ را به دل گرفته و هرگز تا پایان عمر از هر اقدامی برضد **خاندان پهلوی** کوتاهی نکرده است.

تاریخ صدور شناسنامه‌ی **آیت‌الله طالقانی** در قم که ۱۳۰۸ می‌باشد، نشان می‌دهد که توقف وی در **گلیرد طالقان** زیاد نبوده و وی پس از مدت کوتاهی به منظور تحصیل علوم دینی روانه قم شده‌است.

هرگاه خوانندگان گرامی شرح زیر را که گفتار **مهندس مهدی بازرگان**، نخستین نخست‌وزیر جمهوری اسلامی می‌باشد و در مراسم ترحیم **آیت‌الله طالقانی** (در روز سه‌شنبه ۲۰ شهریور ۱۳۵۸ در دانشگاه تهران) بیان شده است، به دقت مطالعه فرمایند، بی‌گمان به **رضا شاه** بزرگ حق خواهندداد و بر او دُرود خواهند فرستاد که چنین افراد کوته‌فکری را از پوشیدن لباس روحانیت و وعظ و سخنرانی بر روی منبر، که بی‌گمان سخنانشان متضمن تکفیر استادان و معلمان – دانشجویان و دانش‌آموزان دانشگاه و مدارس جدید بوده، ممنوع ساخته بوده است:

> *" ... **پدر مرحوم طالقانی** مطلقاً پیشرفت‌ها و ترقیاتی را که در زمینهٔ موضوعات مختلف در غرب صورت می‌گرفت قبول نداشت و همیشه مخالف مفاهیم و پیشرفت علوم و فنون غرب بودند.*
> ***پدر مرحوم طالقانی** به خود من گفتند که این غربی‌ها (فرنگیها) یا دیوانه‌اند یا مغرض و من به هیچ یک از آثار و نوشته‌های آنها وقعی نمی‌گذارم و ارزشی قائل نیستم ...*
> *... در گذشته اکثریت علماء و آنها که اهل علم و کتاب بودند با فرهنگ و فرنگی‌مآبی مخالفت شدید داشتند و استفاده از هر چیز را که رنگ فرنگی داشت حرام دانسته و نشانه‌ای از بی‌دینی می‌دانستند، **مثلاً با تشکیل مدرسه به شکل جدید مخالف بودند حتی روی صندلی نمی‌نشستند.** چرا که می‌گفتند نباید کوچکترین اثری از غرب وارد مملکت شود یا باقی بماند ..."*
> (روزنامه کیهان- ۲۱ شهریور ۱۳۵۸- صفحه ۲)

مهندس مهدی بازرگان درست پس از یکسال، نظیر همان سخنرانی را در روز ۲۲ شهریور ۱۳۵۹ در سمینار **مسجد هدایت**، که به مناسبت بزرگداشت نخستین سال درگذشت **طالقانی** تشکیل شده بود، به شرح زیر بیان نموده است:

> *" ... پدر همین مرحوم [**آیت‌الله طالقانی**] را که شخصیت بارز [؟!] و اعلی‌الله مقامه بود، مرحوم **آقا سیدابوالحسن طالقانی**، با عدهٔ دیگری از علماء و رجال مملکت و مرحوم پدرم مجمعی، **جلسه‌ای داشتند برای تبلیغات دینی در برابر یهودیها، بهائیها و مسیحی‌ها و از این حرفها، از نظر فکری گردانندهٔ او [آن] خود مرحوم آسید ابوالحسن طالقانی بود.***
> *یک روز از ایشان من سئوالی کردم و راجع به قرآن، اشکالی داشتم و ایشان جوابی داد.*

من راجع به کرویّت زمین و هفت آسمان و گردش آنها سئوال کردم. ایشان جوابهائی داد که قانع‌کننده نبود و به دردی نمی‌خورد. مبتنی بود بر هیئت بطلمیوس و آن افکار قدیمی.

من گفتم که:

اینها صحیح نیست، زمین مدور است. زمین دور خورشید می‌گردد. چطور می‌فرمائید؟

ایشان گفتند که:

حرفهائی که علمای اروپا می‌زنند من اصلاً قبول ندارم. برای اینکه اروپائیها یا احمق‌اند و دیوانه و یا اصلاً مغرضند.

چرا با آنکه حقانیت اسلام مثل آفتاب روشن است، اینها مسلمان نشدند؟ از دو حال خارج نیست یا بی‌شعورند، یا اینکه می‌دانند، پس مغرضند.

بنابراین علومی که از اروپا، از خارج آمده باشد اصلاً غلط است، به آنها نباید استناد کرد.

حالا ممکن است فرمایش ایشان درست بوده باشد؟!؟!، اما امر مسلم این است که به درد طبقه‌ای که در معرض آن تهاجم و خطر بودند نمی‌خورد که به آن زبان بخواهند اثبات خدا و قیامت و سایر اصول را بکنند، فایده نداشت، اثر معکوس داشت ... "
(یادنامهٔ ابوذر زمان، آیت‌الله سیدمحمود طالقانی- بنیاد فرهنگی آیت‌الله طالقانی- با همکاری شرکت انتشار- صفحات ۱۹۳/۱۹۴)

آقا سیدابوالحسن در سال ۱۳۱۰ خورشیدی درگذشته و جسد وی توسط پسرش آقا سیدمحمود، به نجف منتقل و در آن شهر به خاک سپرده شده است.

کرامت‌سازیهای آقا سید ابوالحسن و آقا سید محمود

پیشگفتار نخست

جفت شدن کفش در مقابل پا،
کرامت مشترک بیشتر مجتهدنمایان

هر یک از داعیه‌داران نیل به مقام مرجعیت تقلید، از همان روزهای **حجت‌الاسلامی** و یا حتی **طلبگی** خود، با صحنه‌سازیهای خلاف واقع و یا حتی ابراز دروغهای محال و غیرقابل وقوع، **کرامات** فراوان خود را به دیگران نشان می‌دهد و از زمان رسیدن به درجه‌ی اجتهاد و آیت‌الهی نیز تا زمان مرگ، همیشه با اجرای این قبیل حقه‌بازیهایِ کرامت‌نشان در مقابل مزدوران گوش به فرمان و مریدهای ساده‌لوح خود، آن اعمال را به عنوان **کرامات** خود به گوش سایر مردم بیسواد و زودباور می‌رساند.

مهمترین **کرامت معجزه‌آسا!** و یا در حقیقت حقه‌بازی مشترک بیشتر این مجتهدان و مراجع تقلید در گذشته این بوده که **همواره کفش یا نعلین در پیش پایشان جفت می‌شده است!** و هنوز نواده‌های بسیاری از مجتهدان و حتی نواده‌های بسیاری از افراد معمولی و سادات عادی وجود این **کرامت** در جد اعلای خود را به عنوان افتخار خانوادگی! برای خود حفظ کرده و در همه جا بازگو می‌نمایند.

بطوری که می‌دانیم، در گذشته بیشتر خانه‌های اعیان‌نشین از داخل حیاط دارای دو در ورودی به داخل ساختمان بوده‌اند که یکی به **اندرون** یعنی محل زندگی صاحبخانه، زن، فرزند و سایر اعضای خانواده‌ی او و نیز محل برگزاری مهمانیهای زنانه، و دیگری به **بیرونی** یعنی محل ملاقات مرد صاحبخانه و پسران وی با مردان اجنبی و نامحرم و دادن مهمانیهای مردانه راه داشته است. اما اتاقهای مربوط به **اندرونی** و **بیرونی** از داخل ساختمان به هم راه داشته‌اند. برای نمونه هنگامی که مردی برای دیدن مرد صاحبخانه و یا یکی از پسران بزرگ وی می‌آمده، توسط مستخدم و یا یکی دیگر از اعضای خانه، از داخل حیاط به اتاق پذیرایی در **بیرونی** راهنمایی می‌شده است. ولی مرد صاحبخانه یا پسران وی، برای رفتن به آنجا نیازی به بیرون آمدن از **اندرونی** به داخل حیاط نداشته‌اند و می‌توانسته‌اند مستقیم از همان داخل ساختمان، از **اندرونی** به **بیرونی** بروند!

باز هم بطوری که می‌دانیم، تا حدودی خانه‌های تمام **مجتهدان جلیل‌القدر!** و **بزرگ!** به ترتیبی که ذکر شد، دارای **بیرونی** و **اندرونی** بوده است. این افراد (و تمام اشخاص دیگری که در خانه‌های خود **اندرونی** و **بیرونی** داشته‌اند) بطور معمول در زمان ورود به خانه، مستقیم به **اندرونی** می‌رفته‌اند و به همین جهت کفشهای خود را یا در پشت در ورودی **اندرونی** و یا در داخل **اندرونی** از پای درمی‌آوردند. ولی

بیشتر مجتهدان و پیشنمازان به منظور بازارگرمی بیشتر، رسمشان این بوده‌است که از خانه تا مسجد را پیاده (و یا در گذشته با الاغ) همراه با شماری مرید و مزدور، با سلام و صلوات و هیاهو طی نمایند و این مریدان و مزدوران که از مدتی قبل از وقت شرعی هر نماز به خانه‌ی **آقا** می‌رفته‌اند، **همگی کفشهای خود را** در پشت در ورودی **بیرونی**، در **داخل حیاط خانه**، از پا خارج ساخته و پس از ورود به داخل اتاق **بیرونی**، به حال ایستاده یا نشسته، در انتظار **آقا** می‌مانده‌اند. همین که ورود **آقا** با اعلام **یاالله** (و یا با عبارتی دیگر از این قبیل) با صدای بلند به اطلاع حاضران در اتاق **بیرونی** می‌رسیده، نشستگان نیز به‌پا ایستاده و همگی دسته‌جمعی و یا با صدای بلند با فرستادن **صلوات** مقدم **آقا** را پذیرا می‌شدند.

بلند شدن صدای **صلوات**، به منزلهٔ اعلام آمادگی **آقا** جهت خروج از منزل بوده است و از این لحظه به بعد دربان منزل **آقا** که در جلوی در حیاط (در خارج از منزل) ایستاده بوده، وظیفه داشته است به بهانه‌ی اینکه **آقا** در حال بیرون آمدن از منزل هستند، مریدانی را که از قبل در بیرون از حیاط در کوچه ایستاده بوده و یا از آن لحظه به بعد به آنجا می‌رسیده‌اند، در همان کوچه در جلوی منزل، به حال انتظار و احترام نگه دارد.

همانطور که گفته شد، **آقا** در هنگام ورود به خانه و رفتن به **اندرونی**، نعلین‌های خود را در جلو و یا داخل **اندرونی** از پا خارج ساخته بوده و چون در داخل **اندرونی** نیز بیشتر با پای برهنه راه می‌رفته، پس در زمان ورود به اتاق **بیرونی** نیز کفشی به پا نداشته است. اما برای بیرون رفتن از خانه ضروری بوده است که کسی نعلین‌های او را در جلوی در ورودی اتاق **بیرونی** قرار دهد.

درست در همین لحظات، با ترتیبی که در خانه با توجه به وضع و موقعیت خانه داده شده بوده، فردی با در دست داشتن نعلین‌های **آقا**، از درِ ورودی **اندرونی** به حیاط خانه می‌آمده و کفشهای درهم ریخته‌ی مریدان را کمی جلو و عقب می‌برده، جایی برای نعلین‌های **آقا** بازمی‌کرده و آنها را در پشت در، درست در وسط درگاه، در حالی که ته آنها به سوی در و آماده برای رفتن به پای **آقا** باشند، قرار می‌داده است.

آنوقت پس از بازگشت آن فرد به **اندرونی**، **آقا** از در **بیرونی** خارج می‌شده و در مقابل چشمان متعجب حاضران، که همگی در وقت ورود به آن اتاق، **کفشها** را به طور نامرتب در جلوی در دیده بودند، **پاهای مبارک!** خود را در نعلین‌هایی که **فرشتگان آسمانی!** برایش جفت کرده بودند، قرارمی‌داده و در حالی که در دل به حماقت و نادانی مریدان خود می‌خندیده، به سوی مسجد روان می‌شده است.

شواهد موجود نشان می‌دهد که **آقا سیدابوالحسن طالقانی** نیز یکی از آخوندان پُرکرامت زمان خود بوده است. برای نمونه، هرچند که خانه‌ی وی در تهران و طالقان مانند خانه‌های بیشتر رجال بزرگ وقت در تهران و شهرستانها دارای بیرونی و اندرونی کامل نبوده، ولی وی با توجه به همان موقعیتی که آن خانه داشته، ترتیبی داده بوده است که نعلینهایش همیشه در مقابل پاهای وی جفت شوند!!

پیشگفتار دوم

کرامات ویژه‌ی روحانیون طالقان

روحانیون طالقان با جعل احادیث از زبان پیغمبر و ساختن داستانهای عجیب و غریب و شگفت‌آور، دو مطلب را در اذهان ساکنین تهی‌ذهن و متدین آن خطه جا انداخته و به تدریج به صورت باورهای عمومی درآورده‌اند.
متن زیر نمونه‌ای از این باورهای همگانی در میان مردم عامی و متدین در خطه‌ی طالقان می‌باشد:

*" ... **طالقان** از کوه‌پایه‌های میان **قزوین** و **تهران** و دارای دهات و آبادی‌های بسیاریست و در آن کنوز و گنجهائی است که از طلا و نقره نیست.*
چنانچه پیغمبر اکرم (ص) و سلم فرمود: اِنَّ فی جَبال طالِقان کنوزا لیست مِن ذَهب وَ لافضه. مراد آن حضرت رجال فضیلت و مردان مجاهد و مبارز و شجاع آن سامان است.
*و در بعض اخبار قیام **اعلیحضرت صاحب‌الامر عجل‌الله تعالی فرجه‌الشریف** رسیده که **بعضی از یاران آن بزرگوار از اهل طالقان و امیر لشکر و سپهسالار آن جناب طالقانی است.***
*و در آن مزار **علی‌بن صالح طالقانی** و برادرش **شعیب** مورد توجه مردم طالقان و دارای کراماتیست.*
***و آن علی همان کسی است که حضرت موسی‌بن جعفر علیهاالسلام [علیه‌السلام] او را در جزیره بر آبر سوار [؟!] و به طالقانش فرستاد، پس از آنکه در مراجعت از مکه معظمه کشتی‌اش شکسته و سرنشینان آن همه غرق [شدند] و علی نجات [یافت] و به اعجاز باب‌الحوائج به وطنش برگشت،** چنانچه در بعض تواریخ امامیه مسطور است."*
(آثارالحجه- نوشته: محمدشریف رازی- مؤسسه مطبوعاتی دارالکتاب- قم- چاپ سوم- صفحات ۳۲۰/۳۲۱)

خوانندگان گرامی با توجه به چنین اعتقاداتی، به خوبی متوجه خواهند شد که زندگی آخوندان در آن خطه و در میان مردمی با این اعتقادات، تا چه اندازه محترمانه و پرفایده و به اصطلاح «**نان و آبدار**» بوده است.
یکی از مهمترین کوششهای هر آخوند کرامت‌ساز! در هر یک از دهات طالقان، همواره این بوده و هست که با انواع صحنه‌سازیها به مردم ساده‌لوح وانمود کند که خود او، اگر نه سپهسالار یا امیرلشکر می‌باشد، دست کم یکی از نزدیکترین یاران امام زمان است و در رکاب آن حضرت شمشیر! خواهد زد.
آیت‌الله طالقانی و پدرش **آقا سیدابوالحسن**، هر دو نفر در زمره‌ی این آخوندان بوده‌اند.
مطلب زیر که گویا توسط یکی از تحصیل‌کرده‌های باسواد و به اصطلاح فهمیده!، از اهالی **گورانده** طالقان، به نام **حکمت صالحی**، به مناسبت نخستین سالگرد درگذشت **آیت‌الله طالقانی** نوشته شده است، شاهدی بر مدعای بالا می‌باشد:

" بسم‌الله الرحمن الرحیم – پدرم همیشه از سیزده مجاهدی می‌گفت که از طالقان برمی‌خیزند و با شمشیرهای آختهٔ خود در رکاب **امام مهدی (عج)** بر علیه ظلم و شِرک و کفر می‌جنگند و طرفداران دجال و سفیانی را قلع و قمع می‌کنند و برای اثبات حرف خود کتابی را از طاقچه برمی‌داشت و روایت را می‌یافت و با صدائی بلند می‌خواند.

از جملات کتاب هاله‌ای از این معنا می‌یافتم ولی نمی‌توانستم همهٔ روایت را بفهمم. **غرور همهٔ وجودم را پُر می‌کرد که از سیصد و سیزده تن یاران امام، سیزده نفر آنها از طالقانند.**

هفت سالم بود و به مدرسه رفته بودم و حالا دیگر می‌دانستم که غیر از کوههای سر به فلک کشیده، دنیای دیگری نیز هست و بعد در ذهنم **به دنبال سیزده تن پیروان امام می‌گشتم و همواره به یاد آقا سیدمحمود می‌افتادم** و در پیدا کردن دوازده تن دیگر در تردید می‌ماندم و ذهنم را به بن‌بست می‌کشاندم.

یک روز مادر از آقا **سیدابوالحسن**، پدر آقا **سیدمحمود**، گفت. **که چه معجزاتی [؟!] داشته.** مادر گفت:

«هر وقت آقا از اطاق بیرون می‌رفته ملائک کفشهایش را جفت می‌کردند و جلوی پایش می‌گذاشتند[؟!].»

به پدر متوسل شدم. آخر آقا **سیدابوالحسن** فامیل پدر بود و هر چه باشد او بیشتر می‌دانست.

پدر هر چه از آقا می‌دانست تعریف کرد. از اینکه چگونه بارها خدمت آقا رسیده و مشکلات مردم **طالقان** را به عرضشان رسانده، **از محبوبیت آقا در بین مردم تهران. از اینکه رضا شاه جرأت نداشته در برابر آقا بایستد[؟!]** و آقا از مردم مظلوم در برابر مأموران ظالم **شاه** حمایت می‌کرده و گرفتاران را نجات می‌داده، از کشف حجاب و مقاومت آقا در برابر **رضاخان قلدر**، از **مسجد آقا** و ملجأ مظلومان بودنش و دست آخر گفت: آقا **سیدابوالحسن** صنعتکار هم بود. آقا نمی‌خواست از سهم امام زندگی کند. در بازار دکه‌ای داشت و صبحها ساعت‌سازی می‌کرد و تعمیر ساعت، و نان زن و بچه را از این راه در می‌آورد. و **بعد از معجزه‌ای که بعد از فوت آقا اتفاق افتاده بود**، گفت:

آقا وصیت کرده بود که جنازه‌اش را در نجف کنار جدش خاک کنند و دولت تذکره نمی‌داد. جنازه را در مسجدش نگاه داشتند و برای تذکره اقدام کردند و موفق به گرفتن تذکره نشدند. قرار شد جنازه به طور امانت در مسگرآباد به خاک سپرده شود تا راه نجف باز شود. همهٔ تشریفات دفن انجام شد و **شهر تهران یک‌پارچه تعطیل گردید[؟!]**. جنازه آمادهٔ به خاک سپردن بود که مردی خودش را به آقا **سیدمحمود** رساند و کاغذی به دست ایشان داد و در میان انبوه جمعیت غایب شد. **آقا سیدمحمود** کاغذ را که باز کرد **تذکرهٔ نجف** بود. هیچکس نفهمید که این **تذکرهٔ نجف** از کجا آمده و آن مرد چه کسی بوده‌است.

*داستان پدر که به اینجا رسید من از سیزده تن یاران امام نفر دوم را پیدا کردم و **در ذهن خود آقا سیدمحمود و آقا سیدابوالحسن را می‌دیدم که در رکاب امام مهدی، شمشیر می‌کشند** و پدر و پسر در کنار یکدیگر اسب می‌تازند ..."*
(کیهان- مورخ ۱۹ شهریور ۱۳۵۹- صفحه ۱۵)

آری، **معجزه‌ای که پس از درگذشت آقا سیدابوالحسن اتفاق افتاده** و نویسنده‌ی متن بالا از زبان پدرش آن را شرح داده، صدور تذکره‌ی نجف برای حمل جسد و فرستادن آن برای **آقا سیدمحمود**، توسط **امام زمان [؟!]** بوده است.
(در ضمن باید اضافه نمایم **کشف حجاب**، که در متن بالا از آن یاد شده، در سال ۱۳۱۴ خورشیدی، یعنی چهار سال پس از درگذشت **آقا سیدابوالحسن** رخ داده است.)

کرامت‌سازی برای آقا سیدابوالحسن
با همکاری [و توسط] آقا سیدمحمود

شواهد موجود نشان می‌دهد که شماری از صحنه‌سازیهای کرامت‌نمای مهم (ازجمله همان **معجزه‌ی تذکره‌ی نجف**) درمورد **آقا سیدابوالحسن** با ابتکار **آقا سیدمحمود** صورت گرفته و یا دست کم همکاری این شخص در انجام آنها بسیار کارساز بوده است.
یکی از این قبیل **کرامات مشهور** و یا به اصطلاح خود اهالی طالقان از معجزات بزرگ **آقا سیدابوالحسن**، که تا حدودی تمام اهالی آن خطه بارها داستان آن را از یکدیگر شنیده‌اند، به شرح زیر می‌باشد:

در روزهای اقامت **آقا سیدمحمود** در قم و **آقا سیدابوالحسن** در گلپیرد، روستاییانی که به منظور فروش محصولات کشاورزی دهات طالقان و خرید کالاهای مورد نیاز خود و سایر ساکنین آن دهات مرتب بین گلپیرد و شهرهای اطراف، از جمله قم، در رفت و آمد بوده‌اند، پیغام و نامه و یا لوازم مربوط به **آقا سیدابوالحسن** و **آقا سیدمحمود** را مبادله می‌کرده‌اند.
در یک روز که روستاییان به **آقا سیدمحمود** مراجعه کرده بودند تا ببینند که آیا وی نامه و یا شیء دیگری را جهت فرستادن برای پدرش دارد یا خیر؟ **آقا سیدمحمود** با تظاهر به ناراحتی بسیار شدید، بقچه‌ای دربسته و دوخته شده را که مقداری لباس در آن وجود داشته است به آنان می‌دهد و می‌گوید:

*" در این بقچه یک دست کت و شلوار و کراوات می‌باشد و **رضا شاه** که همیشه اصرار دارد **آقا (یعنی آقا سیدابوالحسن)** پوشیدن عبا و عمامه را ترک کند و به جای آن کت و شلوار و کراوات بپوشد، **اینها را فرستاده و آقا را** به جده‌اش **حضرت فاطمهٔ زهرا** قسم داده‌است که از این به بعد بجای عبا و عمامه‌ای که دارد آنها را بپوشد! "*

روستاییان حامل آن بقچه، از همان لحظه تا زمان رسیدن به گلیپرد در ناراحتی بسر می‌برده و از اینکه اگر **آقا** از انجام خواهش **رضا شاه** خودداری کند، چه رخ خواهد داد به شدت نگران بوده‌اند. در **گلیپرد** نیز تا زمانی که آن را به دست **آقا سیدابوالحسن** داده‌اند ناراحتی و نگرانی خود را بگوش دیگران رسانده و آنها را نیز ناراحت کرده‌اند.

ولی هنگامی که **آقا سیدابوالحسن** بقچه‌ی مزبور و پیغام مربوط به آن را دریافت داشته است، با خونسردی تمام به آن عده از مریدانی که به منظور آگاهی از نتیجه‌ی خواهش**!؟ رضا شاه** در آنجا جمع شده بودند، دلداری داده و گفته است که:

*" ناراحت نباشید، **همان جدهٔ اطهرم خودش کار را درست می‌کند!** "*

و سپس در مقابل چشمان ناراحت مریدان بقچه را می‌گشاید و آنان با کمال تعجب می‌بینند که معجزه‌ای بزرگ رخ داده و کت و شلوار و کراوات موجود در آن به عبا و عمامه تبدیل شده است!

سپس **آقا** در مقابل شادمانی مریدان حاضر، آن عبا و عمامه را می‌پوشد و به آورندگان آن می‌گوید:

*" شما همگی شاهد باشید که من خواهش **رضا شاه** را انجام دادم و لباسهائی را که او برایم فرستاده بود، پوشیدم! ... "*

کرامت‌های آقا سیدمحمود در سالهای پیش از انقلاب شوم اسلامی

بدون تردید تمام ایرانی‌هایی که در سالهای پیش از انقلاب در سنین بلوغ و پس از آن بوده‌اند، داستانهای بسیاری درباره‌ی کرامات **آیت‌الله سیدمحمود طالقانی** شنیده‌اند.

باز هم بطوری که شواهد موجود نشان می‌دهد، تا حدودی تمام این کرامات دروغی را اعضای خانواده‌ی او، یعنی فرزندان و همسرانش می‌ساخته و توسط مریدان ساده‌لوح و زودباور او در میان سایر مؤمنان در مساجد پخش و از آن طریق سایر مردم را از آن کرامات آگاه می‌کرده‌اند.

تا جایی که کوشش برای بسیار بزرگ نشان دادن حضرت **آقا** و کرامت‌سازی برای او توسط اعضای خانواده‌اش به صورت یک عادت ثانوی درآمده بوده است.

در هنگام فوت **آیت‌الله طالقانی**، همسر وی که به منظور زیارت **امام رضا**، در مشهد اقامت داشته، بی‌درنگ به تهران بازگشته و روزنامه‌ی اطلاعات ضمن شرح ورود وی چنین نوشته است:

*" **آخرین وصیّت‌های آیت‌الله طالقانی** – مجاهد کبیر رحلت خود را هفتهٔ گذشته پیش‌بینی کرده بود –*

*... همسر آیت‌الله **طالقانی** توضیح داد: قبل از آنکه عازم مشهد شوم، قرار بود در این سفر با آیت‌الله باشم ولی چون ایشان گفتند نمی‌توانم مجلس خبرگان را رها کنم، به تنهائی به این سفر رفتم. اما هنگام عزیمت ایشان به من گفتند: **از امام هشتم بخواه که مرا بخواهد و زندگی من بسر آید، زیرا توان برآوردن خواستهای مردم را ندارم و درمانده‌ام.***

*همسر آیت‌الله **طالقانی** افزود: همسرم هفتهٔ گذشته در آخرین نماز جمعه که در بهشت‌زهرا برگزار شد، هنگام افتتاح غسّالخانهٔ جدید این مرکز به غسّال این غسّالخانه گفتند: **من اولین کسی هستم که در این مرکز باید مرا بشوئی پس در شستن من دقت کن و مرا خوب بشوئی ...***"

(روزنامه اطلاعات- مورخ ۲۰ شهریور ۱۳۵۸- صفحات ۱ و ۲)

خوانندگان گرامی در همین کتاب از زبان **ولی‌الله چه‌پور**، پدر همسر پسر آیت‌الله به نام **محمدرضا**، ملاحظه خواهند فرمود که، **آیت‌الله** در آخرین شب زندگی خود تا حدود نصف شب با سفیر شوروی ملاقات داشته و پس از آن شام خورده و گفته است که:

"می‌خواهم بخوابم، چون صبح زود باید به مجلس خبرگان بروم."

یعنی این مقرب درگاه خدا، از اینکه یک ساعت پس از آن به عالم باقی خواهد شتافت، آگاهی نداشته، اما در بالا می‌خوانیم که وی در آخرین نماز جمعه‌ی خود، در بهشت‌زهرا در هنگام افتتاح غسالخانه‌ی جدید به غسال گفته بوده است که:

" من اولین کسی هستم که در این مرکز باید مرا بشوئی! "

در حالی که غسالخانه‌ی جدید بهشت‌زهرا که هنوز هم به همین نام شهرت دارد، از چندی پیش از آن تاریخ بازگشایی شده و مورد استفاده قرار داشته است و اینکه آقای **آیت‌الله** در آخرین نمازجمعه‌ی خود آن را بازگشایی کرده و یا با الهام غیبی آن پیش‌بینی را به عمل آورده باشد، کذب محض می‌باشد.

خانم **اعظم طالقانی** در مراسم ترحیم پدر خود، وی را چنین تعریف نموده است:

*" ... او نه‌تنها در ابعاد اجتماعی مبارزهٔ خود را شکل می‌داد، بلکه در زندگی خصوصی و خانوادگیش هم در تلاش و مبارزه بود. **شهید مجسم، خطیب، مرد محراب، معلم انسانیت و قرآن، مرد سیاست و عمل و در حقیقت علی‌گونه‌ای کوچک [!] بود ...***"

(کیهان- مورخ ۲۲ شهریور ۱۳۵۸- صفحه ۵)

یک کرامت دیگر از پدر طالقانی

خبرنگار کیهان ضمن گزارشی که از **گلییرد**، زادگاه **آیت‌الله طالقانی**، تهیه کرده بود، چنین نوشته‌است:

*" **طالقانی به اسطوره‌ها پیوست – هنوز چند ساعتی از درگذشت طالقانی نگذشته است که مردم از او اسطوره‌ها ساخته‌اند** و داستانها می‌گویند.*
***سیدفرج‌الله میرزائی** از پدرش نقل می‌کند که **حاج ابوالحسن پدر طالقانی** برای آنها گفته‌است که:*

«سرنوشت پسرم مثل حضرت یوسف، پسر یعقوب، خواهد بود و پس از آزادی از اسارت عمرش کم خواهد بود، یعنی حدود هفت ماه.»

*و مردم با شنیدن این نقل قول شیون را سر می‌دهند چراکه **آیت‌الله بعد از ۷ ماه و دو روز از آزادی و رهائی این جهان را وداع گفت** ...*
***کیهانی‌نژاد** معمم ده، خود را شاگرد **آیت‌الله** می‌داند و می‌گوید هرچه دارم و هرچه داریم از اوست. اربعین مرا به طالقان فرستادند و فرمودند که: طالقان را رها نکن ... اگر **آیت‌الله** نبود ما هیچ چیز نداشتیم ولی **به برکت وجود ایشان در انقلاب چهار نفر شهید دادیم**، تنها در ده ورکش ۶ نفر تیر خورده داشتیم و الان نیز شهید می‌دهیم. در پاوه سه شهید دادیم ... "*
(کیهان- مورخ ۲۲ شهریور ۱۳۵۸- صفحه ۶)

داستان‌گوی جاهل و مردم ساده‌لوح و بی‌اطلاع **گلییرد**، از هیچکدام از داستانهای مربوط به **یوسف** در تورات و قرآن و نیز از داستانهای اسلامی آگاهی نداشته و نمی‌دانسته‌اند که به موجب این داستانها، زندگی **یوسف** پس از آزادی از زندان فقط هفت ماه نبوده بلکه به سمت عزیزی، یعنی فرمانروایی مصر رسیده و سالها بر آن کشور حکومت کرده است.

البته از مردمی که به نظر **آخوند** روستایشان، برکت وجود **آیت‌الله** را در دادن **چهار شهید** می‌دانسته‌اند، بیش از آن نمی‌توان انتظاری داشت!

<u>بی‌اعتنایی به مال دنیا و پول!؟</u>

پیشگفتاری درباره‌ی بی‌اعتنایی آیات عظام به مال دنیا و پول

بیشتر مردم دنیا، یعنی متجاوز از شش میلیارد نفر انسان، دارای کیش و دینی می‌باشند که تا روز مرگ آن را حفظ می‌نمایند.

این افراد بیشتر در خانواده‌ای با همان دین و کیش متولد شده‌اند و نخست از پدر و مادر و سایر اعضای خانواده و بستگان، و سپس از زبان روحانیون و مبلغان بی‌شمار درباره‌ی حقانیت آن کیش و دین مطالب فراوان شنیده و در هر حال

معتقد شده‌اند که بهترین کیش و دین در جهان همان معتقداتی است که آنان به آن اعتقاد دارند.

بطور معمول کسانی که داوطلب رسیدن به مقامات با مشاغل روحانی در یک کیش و دین می‌باشند، از میان همان مردم برمی‌خیزند و بیشترشان نیز در زمره‌ی باایمان‌ترین آنان به‌شمار می‌روند.

این طلبه‌ها در تمام مدتی که در مرکز مذهبی مربوط به خود به تحصیل اشتغال دارند، معلوماتی را فرامی‌گیرند که همگی، بدون استثناء، در جهت قبول و تصدیق اصول و مبانی آن دین می‌باشند.

تمام کتابهایی که در این قبیل مراکز دینی تدریس می‌شود و برای مطالعه‌ی پیروان و معتقدان و حتی افراد بی‌اعتقاد به آن دین و کیش، در آن جامعه‌ی دینی انتشار می‌یابد می‌توانند به دو گروه تقسیم شوند:

۱ کتابهای مرجع که درباره‌ی شرح حال، نظرات و اقدامات پیامبران و رهبران و یا اصول احکام و عبادات دینی، توسط و یا به دستور پیشوایان و بزرگان مشهور آن دین و کیش نوشته شده‌است و هنوز هم نوشته می‌شود.

۲ کتابهای دیگری که توسط روحانیون درجه دو، در هر زمینه و مبحثی درباره‌ی آن دین، با استناد به مطالب درج شده در کتابهای گروه نخست و یا تعبیر و تفسیر آنها نوشته شده است و هر روز هم نوشته می‌شود.

اما آنچه که نویسنده‌ی این سطور بر مبنای تجربیات فراوان شخصی به آن معتقد شده، این است که **بیشتر نویسندگان کتابهای گروه نخست و نیز بیشتر رهبران و پیشوایان درجه یک تمام ادیان و کیشها، اعم از مسلمان، مسیحی، کلیمی و یا بت‌پرست، کوچکترین اعتقادی به آنچه می‌گفته و می‌نوشته و یا هنوز هم می‌گویند و می‌نویسند نداشته‌اند و ندارند و تمام گفته‌ها و نوشته‌های آنها برای این است که دیگران آنها را باور نمایند.**

پیشوایان درجه یک در هر کیش و دین (اگرچه در میان مردم خود تولد و پرورش یافته و مانند آنان به آن کیش ایمان و اعتقاد داشته باشند ولی) به تدریج معتقدات عمومی را پشت سر می‌گذارند و کم‌کم به اسراری ناگفتنی پی می‌برند که بسیاری از آن معتقدات را نفی می‌نماید.

از اینجا به بعد، بسیاری از ایمانداران راستگو و درستکار، سرخورده و دلسرد می‌شوند و از ادامه‌ی تحصیل دست می‌کشند ولی جمعی دیگر که **در دروغگویی، حقه‌بازی و فریبکاری و از این قبیل صفات دارای استعداد کافی می‌باشند و در ریاکاری نیز مهارت فراوان دارند**، به جلو می‌روند، پا جای پای پیشینیان خود می‌گذارند، یعنی حقایق را کتمان و پرده‌پوشی می‌کنند و یا آنها را به نحو مورد نظر خود، تفسیر و تعبیر و یا تأویل می‌نمایند و نیز همین‌ها هستند که مقامات بالا و پیشوایی در هر دین و کیش را تصاحب می‌کنند.

حقایق و واقعیات مربوط به هر یک از این قبیل ادیان و کیشها را می‌توان به دریاچه‌ای پر از لجن و آبهای متعفن تشبیه نمود که پیشوایان روحانی آن را از چشم پیروان باایمان خود مخفی ساخته‌اند و تمام آنچه که به عنوان معلومات مذهبی در میان مردم رواج دارد، همه در حکم آبهای تصفیه شده‌ای می‌باشد که پیشوایان

روحانی از چاههایی که در اطراف آن دریاچه حفر کرده‌اند بیرون آورده و به نام آبهای موجود در دریاچه به خورد مردم می‌دهند!

نویسنده‌ی این سطور تردیدی ندارد که نه‌تنها هیچ یک از **آیات عظام**، بلکه بیشتر عمامه به سرهایی هم که به **آیت‌الله** شهرت دارند، **هیچکدامشان کوچکترین** اعتقادی به دین اسلام ندارند، زیرا محال است که یک انسان با اندک شعور و منطق، آن همه دروغ و فریبکاری و حقه‌بازی در راه تشیع را ببیند و باز هم به آن اعتقاد داشته باشد و تمام سعی و کوشش خود را در جهت ترویج آن همه دروغ به کار ببرد.

هرگاه زمانی فرا رسد که در کشور ستمکشیده و عزیز ما حساب و کتابی برقرار گردد، هر ایرانی وطن‌پرست خواهد توانست که هر یک از آیات عظام را به دلایل بی‌شمار به استناد آیات قرآن و سنت **حضرت محمد**، به عنوان کلاه‌بردار مورد تعقیب قرار دهد.

برای اینکه خوانندگان گرامی دریابند که گفتار بالا فقط یک ادعا نیست، بلکه حقیقتی مسلم و مشهود می‌باشد، در زیر به درج یک نمونه از کلاه‌برداریهای قابل تعقیب آیات عظام مبادرت می‌نماید:

تنها آیه‌ای که درمورد **خمس** در قرآن مجید وجود دارد و در مذهب تشیع به استناد آن از ایمانداران **خمس** گرفته می‌شود، آیه شماره‌ی ۴۱ در سوره انفال، به شرح زیر می‌باشد:

> ***" وَاعْلَمُواْ أَنَّمَا غَنِمْتُم مِّن شَيْءٍ فَأَنَّ لِلّهِ خُمُسَهُ وَلِلرَّسُولِ وَلِذِي الْقُرْبَى وَالْيَتَامَى وَالْمَسَاكِينِ وَابْنِ السَّبِيلِ***
> *و بدانید **غنیمتی که از چیزی به شما می‌رسد** یک پنجم آن برای خدا و برای پیامبر و برای ذی‌القربی و یتیمها و مسکینان و واماندگان در راه می‌باشد. "*

در لغت‌نامه‌ی دهخدا، **غنیمت** را چنین تعریف کرده‌اند:

> ***" اموالی که مسلمانان در جهاد با کفار حربی به دست آورند. مال و خواسته که از دشمن گرفته شود.***
>
> *غنیمت بر او بخش کو جنگ جست*
> *به مردی دل از جان شیرین بشست*
>
> *... "*

در زبان فارسی، واژه‌ی **غنیمت** را به معنای مال مفت و چیزی هم که بی‌زحمت به دست آید و یا به معنای فرصت مناسب بطور مجازی بکار می‌برند، برای نمونه می‌گویند: دم **غنیمت** است. که البته در این قبیل موارد نمی‌توان آنها را به اصطلاح **تخمیس** نمود و یک پنجم آن به عنوان سهم خدا و پیغمبر و دیگران جدا کرد.

از ابتدای تاریخ اسلام تا زمان حاضر، تمام مسلمانان جهان که هم‌اکنون شمارشان را در حدود یک میلیارد نفر می‌دانند، همگی **غنیمت** را عبارت از اشیائی

دانسته‌اند و می‌دانند که مسلمانان در جنگ با کفار به دست می‌آورده‌اند و به دست می‌آورند.

تمام امامان و پیشوایان تشیع نیز همگی از آغاز اسلام تا قرون اخیر بدون استثناء در مورد غنیمت نظرشان همین بوده و این کلمه را به همین یک معنی بکار برده‌اند و هیچ یک از آنان غنیمت را به عنوان یک‌پنجم پولی که مسلمانان از راه خدمت و با کار و کوشش به دست آورده‌اند، بکار نبرده و نگفته‌اند که مسلمانان باید یک‌پنجم حقوق و دستمزد حلال و یا درآمد کسب خود را به مفت‌خورها بدهند تا اینکه هر کدامشان با آن پولها چند همسر شرعی و تعدادی صیغه بگیرند و از هر همسر شماری فرزند تولید کنند و برای هر یک از همسران و فرزندان خود خانه و زندگی مستقل و مجلل ترتیب دهند.

تمام مسلمانان اعتقادشان بر این است که پس از **قرآن**، **سنت حضرت محمد**، یعنی رفتار، گفتار و کردار **آن حضرت** باید توسط مسلمانان ملاک و سرمشق قرار گیرد.

ما در زیر سنت **حضرت محمد** را درمورد اجرای آیه بالا، آن هم از زبان **امام جعفرصادق** بازگومی‌نماییم:

" ***اسحق‌بن‌عمار*** *گوید: راجع به* ***انفال*** *از* ***امام [جعفر]صادق*** *علیه‌السلام، سئوال کردم، امام پس از آنکه* ***انفال*** *را تعریف کرد، چنین افزود و فرمود: وقتی که در جنگ بدر کفار روی به فرار نهادند مسلمین سه دسته شدند، عده‌ای از* ***رسول خدا*** *علیه‌السلام، اطراف خیمهٔ او و از وی حفاظت و حراست می‌نمودند، عده‌ای به غارت کردن اموال پرداختند و عده‌ای هم در تعقیب دشمن پرداخته و اسیر می‌گرفتند. وقتی که تمام غنائم و اسیران را جمع‌آوری نمودند، انصار چشم طمع به اسیران دوخته و طالب آنان گردیدند و روی این اصل آیهٔ ۶۷ این سوره* ***[انفال]***:
مَا كَانَ لِنَبِيٍّ أَن يَكُونَ لَهُ أَسْرَى *... نازل گردید. وقتی که اسیران و غنائم را خداوند از برای آنان مباح گردانید،* ***سعدبن‌عباده***، *که از محافظین پیامبر در جنگ بود، به سخن درآمده و گفت: یا* ***رسول‌الله*** *ما قدرت آن را داریم که در جبههٔ جنگ رفته و دشمن را بکشیم و اسیر بگیریم و غنیمت برگیریم ولی به خاطر حراست از وجود شما در اطراف خیمهٔ شما بودیم و انجام وظیفه می‌نمودیم.*
پیامبر *وقتی که خواستاران غنائم را کثیر و زیاد دید و در عین حال غنائم را قلیل یافت به فکر فرو رفت تا اینکه آیهٔ* ***انفال*** *نازل گردید. بعد از نزول آیه، مردم که طمع به غنائم بسته بودند پراکنده شدند و چشم فروبستند و بعد این آیه [آیه شماره ۴۱ سوره انفال به شرح بالا] نزول یافت.* "

(نمونهٔ بیانات در شأن نزول آیات- جلد نخست- دکتر محمدباقر محقق- ناشر انتشارات اسلامی- چاپ سوم- صفحات ۳۸۶/۳۸۷)

بنابر آنچه که ذکر شد، تمام علمای اسلامی، اعم از شیعه و سنی، مبحث **غنیمت** را در فصل مربوط به **جهاد**، یعنی جنگ مقدس مذهبی، ذکر کرده و جزئیات اجرای مفاد آیه بالا را پیش‌بینی نموده‌اند، بطور مثال می‌توان از کتاب

بزرگ چهل و چهار فصلی (۴ جلدی) شرایع‌الاسلام، نوشته **محقق حلّی** (۶۰۲-۶۷۶ ه.ق.) نام برد. که مشتمل بر تمام اصول فقه اسلام (عبادات، معاملات، ایقاعات، و احکام) می‌باشد و در آن کتاب مبحث **جهاد** مشتمل بر احکام **غنیمت**، نخستین فصل را تشکیل می‌دهد ولی در سرتاسر این کتاب نامی از **خمس** به معنایی که آیات عظام در قرون اخیر بکار برده‌اند، وجود ندارد.

اما این به اصطلاح آیات عظام در قرون اخیر حکم اسلام درمورد خمس را به منظور سوءاستفاده شخصی تغییر داده‌اند.

در یک رساله‌ی توضیح‌المسائل که بر مبنای فتاوی پنج نفر به اصطلاح **آیت‌الله عظمی (خمینی، گلپایگانی، خوئی، اراکی، منتظری)** تنظیم گردیده زیر عنوان **احکام خمس** چنین نوشته شده است:

> *" مسئلهٔ ۱۷۵۱ – در هفت چیز **خمس** واجب می‌شود:*
> *اول: **منفعت کسب** دوم: **معدن** سوم: **گنج.** چهارم: **مال حلال مخلوط به حرام***
> *پنجم: **جواهری که به واسطهٔ غواصی یعنی فرورفتن در دریا به دست آید.***
> *ششم: **غنیمت جنگ** هفتم: **زمینی که کافر ذمی از مسلمان بخرد.** "*
> (رسالهٔ توضیح‌المسائل- نشر بلاغت- چاپ باقری قم- صفحه ۴۶۹)

- به موجب بند دوم همین مسئلهٔ به ظاهر شرعی! و در حقیقت جعلی است که هم‌اکنون وزارت نفت جمهوری اسلامی ایران، یک پنجم از کل درآمد خالص نفت را به حساب سیدعلی خامنه‌ای واریز می‌نماید.

- و به موجب بند چهارم، بیشتر دزدان و قاچاقچیان، از جمله **آقازاده‌ها** پولهای حاصله از راههای حرام خود را به یک **سید** یا یک **حضرت آیت‌الله**، (که اغلب هر یک از این **آقازاده‌ها**، پدر خودشان واجد این هر دو ویژگی و یا دست کم یکی از آنها می‌باشد) میبخشند و با این ترتیب تمام پولهای حرام خود را حلال می‌کنند. البته **حضرت‌آقا**، یک‌پنجم از پولهای حلال‌شده را، به عنوان **خمس**، بر میدارد و بقیهٔ آنها را که کاملاً طیّب و طاهر! شده‌اند به طرف برمیگرداند.

- حال ببینیم مصرف **خمس** که هم‌اکنون با نیرنگ و تزویر از مردم گرفته می‌شود، طبق نظر **آیات عظام** چیست؟ در همان رساله زیر عنوان **مصرف خمس** چنین نوشته شده است:

> *" مسئلهٔ ۱۸۴۳ – خمس را باید دو قسمت کنند: یک قسمت آن سهم سادات است که امر آن با حاکم است و **باید آن را به مجتهد جامع‌الشرایط تسلیم کنند** و یا با اذن او به سیّد فقیر، یا یتیم یا به سیّدی که در سفر درمانده شده بدهند و نصف دیگر آن سهم امام علیه‌السلام است که **در این زمان باید به مجتهد جامع‌الشرایط بدهند** و یا به مصرفی که او اجازه می‌دهد برسانند. "*
> (رسالهٔ توضیح‌المسائل- همان- صفحه ۴۹۳)

مطلب مهم دیگر در دنیای تشیع تعریف **سیّد** می‌باشد که کاری است بسیار سهل و در عین حال ممتنع!

هنوز نویسنده‌ی این سطور نتوانسته است در هیچ یک از کتابخانه‌های عمومی یا مذهبی در تهران و قم، یک جزوه‌ی چند سطری پیدا کند که **سیّد** را تعریف کرده باشد و گمان می‌کنم که چنین جزوه‌ای هنوز در دنیای تشیع نوشته نشده است! چرا؟ برای اینکه **سیّد** موضوعی است دروغ و خلاف واقع و نوشتن کتاب برای اثبات دروغ، کاری است بسیار مشکل!

تا حدودی تمام شیعیان بالغ در دنیای تشیع گمان می‌کنند که می‌دانند **سیّد** یعنی چه؟ اما همگی اشتباه می‌کنند! زیرا این پرسش خواه‌ناخواه به این پاسخ ختم می‌شود که جده‌ی همه‌ی آنان **حضرت فاطمه زهرا**، دختر **حضرت محمد**، بوده و **امر سیّدی** از طریق این دختر به **سادات** انتقال یافته است. و در اینجا بی‌درنگ این پرسش پیش می‌آید که مگر **سیّد بودن** از طریق دختر قابل انتقال می‌باشد؟ اگر قابل انتقال هست چرا فرزندانی که از دختران **امام حسن** و **امام حسین** تولد یافته‌اند، **سیّد** نبوده‌اند؟ و هم‌اکنون نیز زنهای **سیّده** فرزندانشان **سیّد** نمی‌شوند؟ و اگر هم قابل انتقال نیست، پس چرا فرزندان دختر پیامبر **سیّد** شدند؟ و هیچکس پاسخی برای این پرسشها ندارد.

در هر حال، همانطور که هر سازنده و توزیع‌کننده‌ی سکه یا اسکناس تقلبی و یا جاعل اسناد به منظور سوءاستفاده‌ی شخصی قابل تعقیب می‌باشد، این **آیات عظام** هم که بر خدا دروغ بسته‌اند و به منظور **سوءاستفاده‌ی شخصی** آیه‌ی قرآن را به غلط و برخلاف واقع ترجمه و تفسیر کرده و به ناحق از مردم ساده‌لوح و بی‌اطلاع پول گرفته‌اند و می‌گیرند، **به معنای واقعی کلمه کلاه‌بردار محسوب شده و طبق قانون قابل تعقیب و مجازات می‌باشند.**

این نگارنده امیدوار است که در رژیم آینده امکان شکایت به دادگاه و محاکمه‌ی آنان، از جمله **سیدعلی خامنه‌ای** (که تا کنون چندین صد میلیارد دلار از درآمد نفت فقط یک قلم از درآمد وی بوده‌است،) فراهم باشد.

بی‌اعتنایی طالقانی به مال دنیا!

ارث پدری آیت‌الله طالقانی

خبرنگار روزنامه اطلاعات وضع خانه‌ی پدری **آیت‌الله طالقانی** در گلییرد (طالقان) و اثاث موجود در آن را به شرح زیر بیان نموده است:

*" **خانهٔ ابوذر***

*پنجشنبه شب [۲۲ شهریور ۱۳۵۸] بود که ما به **گلییرد** رسیدیم. همانجا که زادگاه **آیت‌الله طالقانی** است. از کوچهٔ باریکی گذشتیم و به خانهٔ آقا وارد شدیم. خانه‌ای گلین با دو اطاق محقر، یک کمد چوبی کوچک که از همان دولابچه‌های قدیم است. یک میز کوچک، دو تا زیلوی کهنهٔ قدیمی، دو تکهٔ نمد. اینها مجموعهٔ دارائی مادی **ابوذر زمان** است که به‌راستی **علی‌وار** زیست. هر بازدیدکننده‌ای می‌آید از این همه*

*بزرگ‌مردی **آقا** دچار حیرت می‌شود و هم در فقدانش گریه سر می‌دهد.*
"

(روزنامه اطلاعات- مورخ ۲۵ شهریور ۱۳۵۸- صفحه ۹)

نمونه‌هایی از صحنه‌های مربوط به بی‌اعتنایی ایشان به مال دنیا

الف- کرامت و بی‌نیازی!

چنین به نظر میرسد که همزمان با وقوع انقلاب شوم اسلامی یک مرکزتبلیغاتی وسیع با امکانات زیاد، به منظور داستان‌سازی در مورد **<u>کرامات</u> آیت‌الله طالقانی** و **بی‌نیازی وی** به مال دنیا، در ایران، تأسیس شده بوده است.
مثلاً نگارنده، در آن دوران، بارها، داستان زیر را از باورمندان مذهبی می‌شنیده و اگر آن خوانندهٔ گرامی نیز در آن سالها در ایران زندگی میکرده است، بدون تردید او هم شنیدن این داستان را تایید خواهد نمود:

*" یک روز صبح بعد از اقامهٔ نماز در مسجد، **آقا** از روی منبر مدعی می‌شود که بوی مردار در فضای مسجد متصاعد است و امکان دارد که سگ یا گربه‌ای در گوشه‌ای از مسجد مرده و متعفن شده باشد.*
آنگاه بعد از چند مرتبه بوکشیدن از این سو و آن سو، با اشارهٔ دست به جایگاه زنان اعلام می‌کند که محل بوی متعفن مردار در بین خواهران است. سپس به موعظه می‌پردازد و از خواهران می‌خواهد که هرکدامشان گناه کبیره‌ای مرتکب شده است در همان لحظه و در همان مسجد در نزد خداوند بخشندهٔ مهربان توبه نماید تا آن بوی مردار رفع شود!
*موعظه و نصیحت **آقا** به‌قدری مؤثر واقع می‌شود! که ناگهان زنی با چادر ژنده و مقنعه و روبند فریادکشان و گریه‌کنان از بین زنان نمازگزار بلند می‌شود و در حالی که جملاتی حاکی از طلب مغفرت و توبه بر زبان جاری می‌ساخته، به طرف منبر می‌رود و بسته‌ای را به دست **آقا** می‌دهد و می‌گوید: من تا الان دزد بودم! و این بسته را هم که پر از اسکناس است دیشب از خانه‌ای دزدیده و برای فرار از دست پلیس‌هائی که در تعقیبم بودند، به عنوان و بهانهٔ نماز به این مسجد آمدم. الان با شنیدن سخنان شما توبه کردم که دیگر دزدی نکنم! پول را به صاحبش برسانید! آنوقت با گریه از مسجد خارج می‌شود.*
***آقا** سایر نمازگزاران را از تعقیب آن زن منع می‌فرمایند و روز بعد نیز اعلام می‌کنند که صاحب پول به منزل ایشان مراجعه کرده و با دادن نشانی آنها که صدهزار تومان بوده، آنها را دریافت کرده است. "*

اما به احتمال قوی در آن بسته غیر از مقداری کاغذ بسته‌بندی شده، چیز دیگری وجود نداشته و آن زن ناشناس نیز جز یکی از بستگان نزدیک **آقا**،

مثلاً یکی از همسران وی، کس دیگری نبوده، که احتمالاً با گذاشتن شیء کوچکی در زیر زبان خود و با تغییر لهجه نقش مزبور را ایفا کرده است.

ب- امانت‌داری و بی‌نیازی

بطوری که خوانندگان گرامی ملاحظه می‌فرمایند، آگهی زیر با سایر آگهی‌هایی که در آن روزها به نام **طالقانی** منتشر می‌شده است، تفاوت دارد. زیرا سایر آگهی‌ها از سوی دفتر ایشان انتشار می‌یافته ولی این آگهی از سوی خانه ایشان به دفتر روزنامه داده شده است.

در سالهایی که **آیت‌الله طالقانی** در مسجد هدایت پیشنماز بوده است، هرچند روز یکبار یک آگهی از سوی همسر وی در تابلوی اعلانات مسجد نصب می‌شده و طی آن پیدا شدن مبلغ هنگفتی پول و یا مقداری جواهرات ارزشمند به آگاهی ایمان‌داران می‌رسیده و از صاحب آن پولها و یا جواهرات درخواست می‌شده است که برای دریافت آنها به خانه **حضرت آیت‌الله** مراجعه نمایند.

هرچند به نظر این نگارنده هرگز چنین وجوه و جواهراتی وجود خارجی نداشته ولی انتشار آن آگهی‌ها، که از یک سو نشان‌دهنده‌ی اعتماد و اطمینان پیداکنندگان پول و اشیاء قیمتی به **حضرت آیت‌الله** و از سوی دیگر نشان‌دهنده‌ی پارسایی، امانت‌داری و بی‌نیازی آن **حضرت** بوده، در افزایش حسن شهرت و محبوبیت وی اثر قابل توجهی داشته است.

در هر حال آگهی زیر نیز به نظر نگارنده از قماش همان آگهی‌ها می‌باشد:

*" پول پیدا شده، در منزل **آیت‌الله طالقانی** است –*

*اطلاعیه‌ای از خانهٔ **آیت‌الله طالقانی***

*در ساعت ۶ بعدازظهر ۱۳]۵۷/۱۱/۸] چند نفر جوان مسلمان به منزل **آیت‌الله طالقانی** مراجعه و اظهار داشتند که اتومبیلی سواری در خیابان قزل‌قلعه (آریامهر) تصادف نموده و سرنشینان آن که چهار نفر خارجی بودند، اتومبیل را گذاشته و از محل دور شدند. چون درهای اتومبیل باز بود، افراد مذکور متوجه مبلغ قابل توجهی ریال و دلار در داخل اتومبیل می‌شوند که آن را به صندوق منزل **آیت‌الله طالقانی** امانتاً سپرده. لذا بدین‌وسیله اعلام می‌گردد که صاحبان آن مراجعه و با دادن نشانی معقولی امانت را دریافت نمایند."*

(روزنامه اطلاعات- مورخ ۹ بهمن ۱۳۵۷- صفحه ۲)

مظلوم‌نمایی‌های کرامت‌آمیز! آیت‌الله طالقانی

در تمام روزهایی که آیت‌الله طالقانی در دوران سلطنت محمدرضا شاه پهلوی در زندان بسر می‌برده‌است، اعضای خانواده و سایر مریدان و مزدوران وی مرتب داستانهای باورنکردنی از شکنجه‌های عجیب و غریبی که گویا زندان‌بانان وی به دستور شاه! درمورد این زاهد پارسا معمول می‌داشته‌اند و کرامات شگفت‌انگیزی که از سوی این مقرب درگاه خداوند در مقابل آن شکنجه‌ها به ظهور می‌رسیده است، جعل کرده و در میان مردم پخش می‌نموده‌اند.

برای نمونه؛ به گمان زیاد بیشتر خوانندگان گرامی که آن روزگار را به یاد دارند، این داستان را شنیده‌اند که ساواک جنایتکار به دستور شاه، خوانندگان زیباروی رادیو و تلویزیون آن زمان را (که در اینجا از ذکر نامشان خودداری می‌شود) به منظور شکنجه دادن حضرت آیت‌الله طالقانی به زندان می‌برده و آنان را وادار می‌کرده است که از سر تا پا، بطور مادرزاد، لخت شوند و بدن لخت خود را بر اندام حضرت آیت‌الله که او را هم لخت کرده بودند، بمالند و به این ترتیب آن زاهد خداپرست! را شکنجه دهند. ولی هر دفعه که چنین شکنجه‌هایی پایان می‌یافته، پزشکان زندان گواهی می‌کرده‌اند که به قدرت خداوند متعال چشمهای آقا بطور موقت نابینا شده بوده و نیز در هیچ یک از اعضای بدن آن حضرت احساس مردی وجود نداشته است!

درمورد خانم اعظم طالقانی، دختر آیت‌الله، نیز در تمام مدتی که در زندان بود، از همین داستانهای پرکرامت ساخته می‌شد.

یکی از این داستانها که درمورد اعظم خانم در زمان زندانی بودن وی در همه جا شنیده می‌شد، تجاوز آقای ثابتی، کارمند عالی‌رتبه و زیباچهره‌ی ساواک به این خانم بود. و آن داستان اینکه آقای ثابتی به منظور شکنجه دادن آقا، در حضور خود آن حضرت به اعظم خانم تجاوز کرده است ولی آن حضرت بعد از انجام آن تجاوز به ثابتی گفته‌اند که: برو و از پدر خود بپرس و ببین که اعظم همسر شرعی تو می‌باشد! پدر ثابتی نیز، بنا بر همان داستان، بعدها این مطلب را تأیید کرده و گفته است که حضرت آقا از سالها پیش می‌دانستند که تو به دختر ایشان تجاوز خواهی کرد و به همین جهت در زمانی که هنوز تو و اعظم کوچک بوده‌اید، ایشان اعظم خانم را با اجازه من برای تو عقد بستند و او اکنون همسر شرعی تو می‌باشد!

بیشتر مردم ساده‌لوح، یعنی همانهایی که بعدها تصویر خمینی را در ماه دیدند، این داستان پرکرامت را باور می‌کردند و متوجه اشکال شرعی آن نبودند که اعظم طالقانی قبل از رفتن به زندان ازدواج کرده و همسر داشته است و هرگاه عقد وی را در کودکی برای آقای ثابتی بسته بودند، چگونه وی به عقد دیگری درآمده است؟ پخش داستانهای بی‌شمار از شکنجه‌های مربوط به اعظم خانم در زندان که بیشتر درمورد تجاوز به وی بودند، و باور کردن آنها از سوی بیشتر افراد فامیل و دوستان و آشنایان، موجب شده بوده است که پس از آزادی اعظم خانم از زندان، در طرز گفتار، رفتار و برخورد و حتی نگاه‌های آنان با وی اثر بگذارد و به ویژه اینکه اینان می‌خواستند بدانند که پس از آن همه تجاوز، وضع اعظم خانم با شوهرش از نظر شرعی به چه صورت خواهد بود؟ تا اینکه اعظم خانم سرانجام

مجبور شد که بصورت رسمی در روزنامه‌های وقت آگهی نماید که: **هرگز در زندان مورد تجاوز قرار نگرفته است!**
البته در حال حاضر بسیاری از مردم ایران باور کرده‌اند که هیچ یک از شایعه‌های مربوط به آن شکنجه‌های کرامت‌آمیز! واقعیت نداشته است، اما هنوز بیشتر مردم بر این عقیده هستند که **آیت‌الله طالقانی** و هم‌بندان وی در زندان و نیز سایر زندانیان سیاسی، همگی در زندانهای زمان **شاه** تحت سخت‌ترین شکنجه‌ها قرار داشته‌اند.

ارسال اخبار جعلی از شکنجه‌های ساواک درمورد آیت‌الله طالقانی، به مراجع بین‌المللی

مخالفان فراوان چپ‌گرا و اسلامی در دوران سلطنت **محمدرضا شاه پهلوی،** افزون بر تشکیل گروه‌های بی‌شمار مسلح تروریستی (که دیگر در حال حاضر در زمره اسرار محسوب نمی‌شوند)، باندهای مجهز تبلیغاتی بسیار قوی و مجهز در اختیار داشتند که مرتب داستانهای جعلی عجیب و غریبی از شکنجه‌های وحشتناکی! که گویا ساواک جنایتکار به دستور **شاه** درمورد زندانیان سیاسی و غیرسیاسی معمول می‌داشته است را به اطلاع مقامات بین‌المللی می‌رسانده و آنها را به انجام اقداماتی بر ضد **شاه** ترغیب می‌کرده‌اند.

یکی از این گروه‌های تبلیغاتی ضد شاهی، «**جمعیت دفاع از آزادی و حقوق بشر**» نام داشته که **مهندس مهدی بازرگان،** نخستین نخست‌وزیر دولت جمهوری اسلامی، **رئیس هیأت اجرایی** آن بوده‌است.

در تمام مدتی که **مهندس بازرگان** همراه با **آیت‌الله طالقانی** در زندان بسر می‌برده است، شخصی به نام **دکتر ناصر میناچی،** در سمت خزانه‌دار آن جمعیت، فعالانه اخبار جعلی از شکنجه‌هایی که در زندانهای ایران درمورد زندانیان سیاسی، به‌ویژه **آیت‌الله طالقانی،** اعمال می‌شده به مقامات و مراجع بین‌المللی در کشورهای مختلف جهان ارسال می‌داشته است.

پس از آزاد شدن تمام زندانیان سیاسی دوران **شاه،** ازجمله **آیت‌الله طالقانی، مهدی بازرگان** و سایر هم‌بندان آنان و اثبات اینکه، دست کم زندانیان **نهضت آزادی** از احترام فراوان در زندان برخوردار بوده و کوچکترین شکنجه‌ای درمورد آنان معمول نشده بوده است، **دکتر ناصر میناچی** درباره‌ی دروغ‌پردازیهای خود از شکنجه‌های دوران **شاه** نسبت به این گروه مورد پرسش و سرزنش قرارگرفته و بیش از هر فرد دیگری کوشش می‌کرده است که تا آنجا که ممکن است گوشه‌ای از آن همه دروغ را پوششی از راستی بپوشاند.

در هنگام شستن جسد **آیت‌الله طالقانی** در غسالخانه‌ی بهشت‌زهرا، افزون بر اعضای خانواده و شماری از بستگان دیگر و آشنایان وی، برخی از وزرا و شماری از سایر رجال! به اصطلاح لشکری و کشوری نیز در غسالخانه، البته دور از محل غسل جسد، حضور داشته‌اند. به ناگاه **دکتر ناصر میناچی** در حالی که ضجه می‌زده و بر سر می‌کوبیده، در آستانه‌ی در ورودی غسالخانه ظاهر شده و با گریه و فریاد خطاب به مردمی که جلوی در ایستاده بودند، مدعی شده است که

بدن **حضرت آیت‌الله** پر از جراحاتی است که در اثر شکنجه‌های زندان بر وی وارد ساخته بوده‌اند. این خبر بی‌درنگ توسط مردم و چند پاسداری که جلوی در بوده‌اند، به افراد پشت سر آنان و به همین ترتیب به گوش بسیاری از افراد حاضر در آن جمعیت رسیده است.

این خبر را روزنامه کیهان به شرح زیر به چاپ رسانده و انجام آن را به یک پاسدار نسبت داده است، در حالی که ما می‌دانیم که پاسدار مأمور حفظ نظم در خارج از غسالخانه بوده و اجازه ورود به داخل آن را نداشته‌اند:

> *" ... در ساعت ۶ صبح امروز، وقتی جنازهٔ **آیت‌الله طالقانی** را برای دفن آماده کردند، ناگهان شیون و فریاد مردم فضای گورستان را پر کرد.*
> *شیون و فریاد مردم وقتی به اوج رسید که دیدند بر تن پاک و مطهر **مجاهد** نستوه و **معلم** کبیر قرآن آثار زجر و شکنجهٔ طاغوت پیداست.*
> *در این موقع یکی از پاسداران که در غسالخانه از نزدیک آثار شکنجه را دیده بود بر سرزنان و سینه‌زنان فریاد می‌زد: ظالم‌ها به **آیت‌الله طالقانی** هم رحم نکردند. تمام تنش جای زخمهای کهنه است.*
> *و این اوج فریاد و گریه شد و در این حال دهها نفر آنقدر بر سر و سینهٔ خود کوبیدند که از حال رفتند ... "*
> (کیهان- مورخ ۲۰ شهریور ۱۳۵۸- صفحه ۲- ستون ۲)

طبیعی است که جمعیت عظیم حاضر در بهشت‌زهرا به آسانی این دروغ بزرگ را باور کردند و شمار اندکی هم که در آن زمان در داخل غسالخانه حضور داشتند و می‌توانستند دروغ آقای **ناصر میناچی** را تکذیب نمایند، آن را نشنیدند و اگر برخی از این افراد هم پس از آن دوره این خبر را شنیده یا خوانده باشند، بی‌گمان آن را برخلاف نظر و میل خود نیافته و لزومی به تکذیب آن ندیده‌اند.

در هر حال آقای **دکتر میناچی** با این دروغ ناجوانمردانه، به خیال خود برای خبرهای خلاف واقع و ناجوانمردانه‌ای که پیش از انقلاب بارها برای مقامات بین‌المللی ارسال داشته بود، دلیلی تراشیده ولی مشکل اصلی را رفع نکرده بوده است زیرا وی این دلیل را در هنگام شستن جسد **آیت‌الله طالقانی** یافته بوده است و همگان می‌خواسته‌اند بدانند که وی پیش از ارسال آن خبر به مراجع و مقامات بین‌المللی چگونه از آن آگاهی یافته بوده است؟

ناصر میناچی ضمن شرحی که به مناسبت هفتمین روز وفات **آیت‌الله طالقانی** نوشته، دلیل آن اقدامات را به شرح زیر بیان داشته است:

> *" ... نکتهٔ دیگر نقل قولهائی است که یکی از مأمورین دفتر کمیتهٔ مشترک به اصطلاح ضدخرابکاری تعریف می‌کرد. وی ادعا داشت که چون فردی است معتقد و سید هم هست از دیدن **آیت‌الله طالقانی** در آن وضع و مشاهدهٔ شکنجه کردن ایشان ناراحت بود. این شخص می‌گفت که مأمورین ساواک آقای **طالقانی** را شکنجه کردند. البته **آیت‌الله طالقانی هیچگاه این مسئله را ابراز نمی‌کرد [؟!]** تا اینکه آن روز که ایشان را غسل می‌دادند، معلوم شد که مسئلهٔ شکنجه شدن ایشان و آنچه آن مأمور ادعا کرده بود، راست بود. "*

(روزنامه کیهان- مورخ ۲۲ شهریور ۱۳۵۸- صفحه ۷- ستونهای ۳ و ۴- و نیز زندگی و مبارزات پدر طالقانی- اسکندر دلدم- صفحات ۷۶ و ۷۷)

در تمام مدتی که آیت‌الله طالقانی همراه با مهندس بازرگان، رئیس هیأت اجرایی جمعیت دفاع از آزادی و حقوق بشر، و دیگران در زندان بوده‌اند، آقای ناصر میناچی، خزانه‌دار این جمعیت، همیشه با این زندانیان در تماس بوده و به خوبی می‌دانسته است که کوچکترین شکنجه‌ای، دست کم درمورد این دو نفر، اجرا نشده بوده است. حال این شخص مدعی است که:

" آیت‌الله طالقانی هیچگاه این مسئله را ابراز نمی‌کرد. "

و معلوم نیست که چرا وی از بازرگان و دیگران در این مورد نپرسیده و آن همه هیاهو را فقط برمبنای یک نفر مأمور کمیته‌ی مشترک فقط به دلیل اینکه سید بوده، به انجام رسانده است. این نگارنده یقین دارد که چنین مأموری هم وجود خارجی نداشته است.

مهندس مهدی بازرگان ضمن خاطرات خود شرح داده است که در کل ۳۰ نفر به عنوان زندانی سیاسی، همراه با وی و آیت‌الله طالقانی در بند شماره ۴ زندان قصر، محبوس بوده‌اند. وی اسامی آنان را ذکر کرده و نیز شرح داده است که از آن عده ۱۲ نفر از نهضت آزادی، ۴ نفر از جبهه‌ی ملی، ۱ نفر از جمعیت سوسیالیست‌های ایران، ۲ نفر از حزب ملت ایران، ۲ نفر بدون وابستگی خاص و ۶ نفر واعظ بوده‌اند.

(شصت سال خدمت و مقاومت- سرهنگ غلامرضا نجاتی- جلد دوم- صفحات ۴۰ و ۴۱)

تا این زمان، خاطراتی مفصل یا مختصر از شماری از این زندانیان انتشار یافته، ولی در هیچ یک از این خاطرات دیده نشده و نیز هیچکس از زبان هیچ یک از آنان نشنیده است که کوچکترین شکنجه‌ای درمورد آیت‌الله طالقانی انجام شده باشد.

در زیر نکاتی از برخی از این خاطرات بازگو می‌شود:

بازگوشده از خاطرات یکی از همبندان طالقانی به نام دکتر محمدمهدی جعفری

" ... در زندان اغلب محدودیتها را ایجاد می‌کردند که ما نتوانیم به کار درس و بحث و فکر و اینجور مطالب برسیم ولی هرگز جرأت اهانتی نداشتند و این هم فرع بر وجود ایشان [آیت‌الله طالقانی] بود که زندان‌بان به خودش جرأت نمی‌داد که این کار را بکند یکبار و حتی رئیس شهربانی هم جرأت نمی‌کردند در آن زندان پا بگذارند که ایشان بود زیرا از او می‌ترسیدند و جرأت نمی‌کردند جلویش سبز بشوند.
یک روز در حیاط زندان با هم قدم می‌زدیم که رئیس زندان در ابتدای ساختمان مشرف بر حیاطِ دید، ایستاده است. البته رئیس زندان تحقیق

30

*کرده بود، گفته بودند که ایشان نیست در حیاط یا در اتاق آمده بود ولی غافلگیر شد و تا ما با هم پیچیدیم جلوی رئیس زندان، رئیس زندان خود را باخت و سلامی کرد و آقای **طالقانی** هم جوابی بهش داد و گفت: سرگرد یا سرهنگ – یادم نیست که درجه‌اش چه بود – چه شری زیر سر داری؟ گفت: من آمده‌ام خدمتتان سلام عرض کنم. گفت: نه، تو برای این نیامده‌ای و هیچوقت هم خیر نداری، برای شری آمده‌ای. گفت: خوب ما رفتیم خداحافظ. و به هر حال حاضر نشد که آنجا بماند و رفت ..."*

(کیهان- مورخ ۱۹ شهریور ۱۳۵۹- صفحه ۱۴)

بازگوشده از خاطرات علی‌اکبر هاشمی‌رفسنجانی

هرچند **علی‌اکبر هاشمی‌رفسنجانی** مدعی است که خودش یک ماه ونیم در زندان انفرادی بوده و کتک هم خورده است اما، به شرح زیر، آشکارا اِعمال شکنجه‌ی جسمی درمورد **آیت‌الله طالقانی** را تکذیب نموده است:

*" ... در یک حمله عده‌ای از ماها را گرفتند که آقای **طالقانی**، من و آقای **لاهوتی** و آقای **مهدوی‌کنی** و جمعی دیگر از دوستان ما بودند.*
عده‌ای آزاد شدند ولی ما را نگاه داشتند. حدود یک ماه ونیم در زندان انفرادی بودیم.
*آقای **طالقانی** در کمیته مریض هم بودند. ما که یک کمی جوانتر بودیم و تحمل داشتیم ما را کتک می‌زدند. **اما ایشان را چون پیرمرد بودند، نمی‌شد کتک بزنند** جور دیگری شکنجه می‌کردند، بیشتر شکنجۀ روحی ..."*

(کیهان- مورخ ۲۲ شهریور ۱۳۵۸- صفحه ۱۱- ستون نخست)

بازگوشده از خاطرات دکتر مصطفی چمران (غیر هم‌بند با آیت‌الله طالقانی)

*" ... روزی **نصیری** جلاد، رئیس ساواک برای بازدید از زندان می‌رود.*
*رئیس زندان به **طالقانی** می‌گوید که از جایش برای احترام بلند شود.*
***آیت‌الله طالقانی** که مشغول خواندن قرآن بود، در جواب می‌گوید: این مرد ارباب تو است، چرا به من می‌گوئی بلند شو؟*
وقتی در یکی از محاکماتش، رئیس بیدادگاهش از او می‌خواهد که آخرین دفاع خود را بگوید.
***طالقانی** می‌گوید: برای کی؟ رئیس دادگاه می‌گوید: برای دادگاه. **طالقانی** می‌گوید: اینجا دادگاه نیست و شما هم قاضی نیستید. آلت دست آنهائی هستید آن بالا نشسته‌اند. وقتی صدای من از اینجا بیرون نمی‌رود و مردم نمی‌فهمند، پس برای چه صحبت کنم.*

*و سپس چند آیه مربوط به **حضرت موسی** و **فرعون** را می‌خواند و لرزه بر اندام طاغوت و طاغوتیان می‌اندازد."*
(کیهان- مورخ ۱۹ شهریور ۱۳۵۹- صفحه ۱۳- ستون ۸)

بازگوشده از خاطرات مهندس مهدی بازرگان

مهندس مهدی بازرگان، نخستین نخست‌وزیر جمهوری اسلامی ایران، که در رژیم سابق با **آیت‌الله سیدمحمود طالقانی** هم‌زندان و هم‌بند بوده است، درمورد دوران زندان خود خاطرات و یادداشتهایی از خود به جای گذاشته که، قسمتهایی از آنها، در جلد دوم کتاب «**شصت سال خدمت و مقاومت – خاطرات مهندس مهدی بازرگان**» توسط **سرهنگ غلامرضا نجاتی** به چاپ رسیده است.

این خاطرات حاوی اطلاعاتی صددرصد معتبر و غیر قابل انکار از وضع وی و سایر هم‌بندانش در زندان و نحوه رفتار سرپرستان زندان و زندان‌بانان با آنان می‌باشد و ما هم به نوبه خود، به بازگو نمودن قسمتهایی از آن خاطرات (از صفحه ۹ به بعد) که به این مطالب ارتباط دارد، مبادرت می‌نماییم:

*" **چهارشنبه ۱۳۴۲/۵/۹** – عصر، حوالی ساعت ۶، آقای **سرهنگ مقدم**، مدیر کل سازمان امنیت، به اتفاق آقای **سرهنگ جناب**، به بازرسی آمدند و تک‌تک در اطاقها توقف کردند. **برخورد البته خیلی مؤدب و مطبوع بود و بعد از سلام و تعارف، اول کلام ایشان این بود که من آمده‌ام بدبینی‌ها را از بین ببرم و نارضایتی را ...***

***پنجشنبه ۱۳۴۲/۸/۱۶** - ... این دو دسته [زندانیان نهضت آزادی و زندانیان پانزده خردادی] با هم انس و همکاری و برنامه دارند: ۷ صبح صبحانه، ۸ سرود [ای]ایران، ۸/۲۵ تا ۹/۳۵ قرائت و و تفسیر قرآن، ساعت ۱۰ تنفس، ۱۰/۲۵ تا ۱۲/۱۰ سکوت برای مطالعه، بعد از نماز و ناهار ۱۴ تا ۱۶ سکوت برای استراحت، پس از آن مطالعه یا سخنرانی، مغرب نماز جماعت، قبل از شام جلسهٔ اداری امور زندان، ۲۲/۳۰ سکوت برای خواب.*

***سه‌شنبه [۱۳]۴۲/۱۲/۲۰** – امروز به مناسبت **وفات حضرت امام جعفرصادق**، علیه‌السلام، و تصادف با سال فجایع وارده به طلاب قم، در ساعت ۱۰ صبح مجلس فاتحه و تذکر داخلی در زندان داشتیم که عده‌ای از زندانیان عادی هم شرکت کردند. آقای **طالقانی** در زمینهٔ ورود اسلام به ایران و پذیرش تشیع و قیام **ابومسلم خراسانی**، صحبت جامع و مؤثری کردند.*

*-**رادیو پیک ایران** می‌گفت: روزنامهٔ **Lemonde** متن نامه و شکنجه‌های آقای **عبودیت** را درج کرده است و [همان رادیو] **مدتی راجع به اعمال وحشیانهٔ سازمان امنیت صحبت کرد.***

جمعه ۱۲/۳۰/[۱۳]۴۲ - ... تحویل واقعی سال در ساعت ۵ بعدازظهر به عمل می‌آمد. از صبح صحبت شد مانند پارسال جشنی بگیریم و مراسمی برگزار کنیم. نظر **دکتر سحابی** بر این بود که در حیاط باشد.
دیدیم زندانیان عادی هم به این فکر افتاده و در ایوان حیاط بساط فرش وسفره و گل و میوه پهن کرده‌اند. دو مجلس در حیاط صورت خوبی نمی‌توانست داشته باشد. پیشنهاد کردیم یک مجلس کنیم. آنها هم که قصد داشتند در ساعت تحویل و موقع خواندن دعا در مجلس ما باشند، از این نظر حسن استقبال کردند. بساط ما، آن طرف ایوان در امتداد بساط آنها انداخته شد ولی مخلوط نشستیم.
آقای **دکتر سحابی** افتتاح مراسم کرد، **آیهٔ نور** و بعد پنج بار دعای «**یا مقلب‌القلوب**». بعد از دیده‌بوسی متقابل همگانی، **حتی با نظافت‌چی‌ها و پاسبانها. افسرنگهبان هم در مجلس ما آمده‌بود.**
آقای **طالقانی** به هر نفر یک سکه صاحب‌الزمان زرد عیدی می‌دادند. توزیع چای و تعارف میوه و شیرینی. خطبهٔ آقای **طالقانی** راجع به عید نوروز از نظر اسلام و توجه کامل افکار و اخلاق که مسموع و شاید پذیرفته شد. مجدداً میوه و شیرینی و بالاخره چند قطعه رقص و آوازهای تفریحی ابتکاری که خنده و شادی زیادی ایجاد کرد و مجلس با صفا و خوشی خاتمه یافت.
-از صندوق عمومی و به دست آقای **مهندس سحابی** (هیأت سه نفری) در حدود ۳۳۰ تومان عیدی پخش شد. (پاسبانها و نظافت‌چی‌ها هر کدام ۱۰۰ ریال)
یکشنبه ۱۳۴۳/۱/۲ – صبح برای ملاقات با خانواده‌ها به عشرت‌آباد رفتیم. عدهٔ زیادی در حدود ۳۰۰ نفر آمده بودند و مجلس گرم و خوبی داشتیم. می‌آمدند و بعد از مدتی می‌رفتند تا سایرین را اجازهٔ ورود بدهند. سربازها و مأمورین تعجب کرده بودند.
سه‌شنبه ۱۳۴۳/۱/۴ – برای ملاقات با دوستان به محل دادگاه رفتیم. جمعیت فوق‌العاده‌ای جمع شده و به تدریج آمدند، متجاوز از هزار نفر. با آنکه اعلان و تبلیغ نشده بود و غالب دوستان و مردم بی‌اطلاع بودند ... آنقدر شیرینی و گل آورده بودند که تمام را به سربازان و افراد عشرت‌آباد دادیم. شب به بازدید عید یک اطاق دیگر از زندانیان عادی رفتیم.
سه‌شنبه ۱۰/۲۲/[۱۳]۴۳ – ماه رمضان امسال، وضع خیلی دائرتری ازسالهای قبل دارد.
اولاً، اکثریت روزه بگیرند، حتی عدهٔ زیادی از زندانیان عادی که در نمازهای جماعت و صحبت‌های بعد از نماز شرکت می‌کنند و هر شبی چند نفرشان به افطار دعوت می‌شوند.
ثانیاً، طبق برنامه‌ای که **آقای حکیمی** و رفقا ترتیب داده‌اند، هر روز از منزل یکی از ماها، یا از منازل دوستان می‌آورند. غذای سحر را هم خودمان تهیه کرده، از غذای زندان مصرف نمی‌شود.

افطارهائی که از بیرون می‌رسد، مخصوصاً وقتی دوستان خارج می‌دهند، آنقدر متنوع و فراوان است که نمی‌دانیم چه بکنیم و تا به حال یکی دو بار برای رفقای زندان شماره ۳ **(دکتر عالی)** فرستاده‌ایم. شیرینی و میوه هم آنقدر می‌رسد که هر شب به پاسبانها و به زندانی‌های عادی و گاهی به خارج زندان خودمان می‌فرستیم و باز از مصرف آنها عاجزیم ...

– رادیو «پیک ایران» می‌گفت: عشایر فارس به دو کامیون ارتشی حمله کرده و سه افسر و عده‌ای سرباز را کشته و کامیون‌ها را تصرف کرده‌اند.

جمعه ۱۳۴۳/۱۱/۲ – خبر مهمی نبود. دیشب در افطار بواسطۀ خوردن حلیم، [که طبق معمول از منزل یکی از زندانیان آورده بودند] همگی دچار مسمومیّت و ناراحتی تا صبح شدیم.

آقای **[منوچهر] صفا** در وصف حلیم شعری سروده است:

حلیم‌نامه

ای خردمند عاقل و دانا

ماجرای حلیم برخوانا

نه به زیبائی کلام عُبید

بَل به سستی بند تنبانا

****

شامگاهان به موقع افطار

روزه‌داران همه خرامانا

بر سر سفره شاد بنشستند

حاضر از بهر خوردن نانا

نان که شوخیست، من چه عرض کنم

دیگ‌های پلو به میدانا

از قضای فلک در این هنگام

گشت داخل، حلیم جوشانا

چه حلیمی؟ حلیم خوشرنگی

یک وجب روغنش اضافانا

چه حلیمی؟ که خلق گفتندی

کس ندیده به هیچ دکانا

یا تو گفتی که از خزانۀ غیب

یکسره آمده به زندانا

الغرض حضرت حسین آقا

نیشخندش به لب نمایانا

بر سر سفره مستقر گردید

تا کند خدمتی به مردانا

ظرف پر گشت و پر بشد خالی

باز پر شد به حکم جوعانا

34

گر چه طعم حلیــــم ترشان بود
و این همــی بود بس عجیبانا

خلق گفتند ترشـی‌اش نیک است
آب لیمو است یا که سرکانا

اِشکم است آنکه سخت می‌بندد
راه چشـــم و دماغ انسانا

آخر ای جان حلیم ترش که دید؟
شکـــر تلخ و برف جوشانا؟

بارالـــها ببخش این مـــردم
که ندانند ره ز چــــاهانا

چـونکه خوردند آن حلیم عظیم
پلوی چـربناک و مرغانا

میـــوه‌ای نیز میل فـرمودند
پرتقالـــــی و بعد موزانا

چون شکم سیر شد پس از این‌کار،
رو به درگاه حـــق نهادانا

کای خدای رحیـــم و بی‌همتا
رحـــمتی کن به خلق زندانا

برکتــی ده در این سرای سپنج
به حلیــــم و حلیم‌سازانا

ساعتی بعد روزه‌خـــواران نیز
همچو جنگی به روز میدانا

حمله ســـوی حلیم بردندی
هر یکـــی قاشقی به دستانا

اکل کـــردند و شرب فرمودند
مثل اشـخاص روزه‌دارانا

الغــرض چند ساعتی بگذشت
عاقبت گشت وقت خوابانا

همگان یک به یک بخوابیدند
فارغ از فکر برف و بارانا

بی‌خبر ز انکه آن حلیم عظیم
کار خود می‌کـــند به تنبانا

پیش از آنکه به شام گردد روز
یا شــــود موقع نمازانا

پیش از آنی که طاهری گوید
چون خروس سحر اذانانا

خواب از چشــم بندیان بپرید
جمله گشـــتند بس هراسانا

35

ز انکــه اندر نواحـی اِشکم
دردهائـی بشـــد نمایانا

آن یکی از اطاق بیرون جست
دست بر معده‌اش فشـــارانا

وان دگـر مخفیانـه بیرون شد
تا رسانـد یــدی به آبانا

نیم‌ساعت نشد که جملۀ خلق
در حیـــاط آمدند نالانا

ســه مکان ضرور بیش نبود
سی نفر مشـــــتری ویلانا

جنگ مغلوبه شد در آن گوشه
زخمی از هرطرف فراوانا

پیر و برنا و ترک و تهرانی
تاجر و سوسیال و شیخانا

جملگی در حیاط جان کندند
تا رسـد نوبتی به آنانا

الغرض اندر آن مکان حقیر
هر یکی چند بار رَزمـــانا

عاقبت صبح گشت، لیک به شب
جان ز تنها برفت ای جانا

از میان جمـــاعت بندی
که بندی درون زندانا

پنـج مرد غیـور ضد حلیــم
زنده ماندند شــاد و خندانا

یک‌تن از پنج‌تن بگفت این شعر
که شــود داستان به دورانا

چون که آن روز بهر همدردی
طبع شاعر بشد روانـانا

ای صبا از من این پیام برسان
به جناب حلیـــــم‌سازانا

یا حلیمی دگــــر به ما تو مده
یا خلائـــی فرست جوفانا "

[نگارنده در اینجا می‌خواهد به صورت معترضه از خوانندگان گرامی درخواست نماید تا اندکی فکر کنند که اگر آشپز آن حلیم افطاری، بطور اشتباهی مقداری داروی سمی مثل **مرگ موش!** را به جای نمک، در آن حلیم ریخته بود و شماری از آن زندانیان، ازجمله **آیت‌الله طالقانی**، در اثر خوردن آن حلیم می‌مردند، چه کسی می‌توانست باور نماید که این اشتباه در منزل یکی از زندانیان صورت گرفته بوده است و نیز **محمدرضا شاه پهلوی** چگونه می‌توانست خود را از اتهام قتل آنان تبرئه نماید.]

36

چهارشنبه ۱۳]۴۳/۱۲/۲۶] *- امروز به ابتکار* ***نمازی، همت، عاقلی‌زاده*** *و همکاری* ***مفیدی*** *و* ***جعفری****، یک روزنامهٔ فکاهی دستی داخل به اسم* ***ندای بند*** *درآمد. انتقادهای نمکین و شوخی‌های تفریحی خوبی دارد. اقدام مفیدی برای سرگرمی و ورزیده شدن زندانیان است ...*

جمعه ۱۳]۴۳/۱۲/۲۸] *- مقدار زیادی شیرینی و میوه از خانواده‌ها و دوستان، به طور عادی و به مناسبت شب عید رسید.*

چند جعبه به زندانیان دیگر و پاره‌ای افراد و خانواده‌های مستحق خارج توزیع کردیم ...

(در این زمان زندانیان نهضتی، مراسم تحویل سال را در ساعت ۲۲/۳۰ با تدارک هفت‌سین و شیرینی برگزار می‌کنند. **در ضمن تصمیم می‌گیرند از ملاقات با خانواده و دوستانشان به مناسبت فرارسیدن عید نوروز در پشت میله، امتناع نمایند** و اعتراض خود را در این زمینه بطور کتبی به رئیس شهربانی کشور اعلام می‌کنند ...)

یکشنبه ۱۳۴۴/۱/۱ *- روز اول سال است. محوطهٔ شن‌فرش با صحن وسط، آنکه رفقا درست کرده‌اند، و چمن‌ها تماماً سرسبز شده است. طراوت خاصی در زیر آفتاب روشن نوروزی و در میان گل‌های میخک و لاله و نرگس و سیکلمه، که خویشان و دوستان فرستاده‌اند، پیدا کرده است.*

همگی لباسهای خارج زندان پوشیده، منظم و پاکیزه شده‌اند.

تمام روز به دیده‌بوسی و دید وبازدید عید برگزار شد. اطاق سوم را پتوفرش و سفیدپوش و مرتب کرده، شیرینی و میوهٔ فراوانی، که چندین برابر احتیاج و امکان مصرفمان از خارج رسیده است، آماده کردیم.

قبل از ظهر رفقای خودمان و سایر زندانیان و پاسبانان و آقای ***ستوان یکم شهرام****، دسته‌دسته به عید دیدنی آمدند ... برای ملاقات ما کسانی که آمده بودند، از دم در برگردانده و کارت را موکول به فردا کرده‌اند.*

آقای ***طالقانی*** *به نمایندگی از طرف خود و سایرین، به هر یک از پاسبانان و استواران (جمعاً ۲۰ نفر) ده تومان عیدی دادند و یک جعبهٔ شیرینی هم برای هر کدام فرستادیم.*

دوشنبه ۱۳۴۴/۱/۲ *- صبح هوای خوبی بود، به حرکت در حیاط و صحبت‌های در اطاق و یا مطالعه و گردش برگزار شد. آقایان* ***سرگرد خانمرادی*** *و* ***سروان غفاری*** *به دیدن آمدند.*

بعد از ساعت ۱۱ طبق معمول هفتگی، ملاقاتی‌ها آمدند و کارت‌هایشان را آوردند. بنا به تصمیم قبلی قدری صبر کردیم تا تعداد آنها در اطاق ملاقات زیاد شود. آقای ***علی بابائی*** *رفت و جریان را شرح داد که چگونه رفتار استثنائی اهانت‌آمیز با ما کردند و ما هم تصمیم گرفتیم از ملاقات خودداری کنیم!*

بعد از آن کارت‌های ملاقات را هر کس در ظهرش می‌نوشت:

به واسطهٔ تضییقات استثنائی و ظلمی که شده است [؟!]، ما از ملاقات خودداری داریم.

تعداد صد نفری آمده بودند و همه با ناراحتی و نفرین برگشتند.

__پنجشنبه ۱۳۴۴/۱/۵__ - روز ملاقات بود، ولی خودداری از ملاقاتِ ایام عید را ادامه دادیم. کارت ملاقات صادر می‌کردند و پشت آنها می‌نوشتیم:
نظر به تضییقات استثنائی امسال صرف‌نظر کردیم.
__دوشنبه ۱۳۴۴/۴/۲۸__ - نظر به فوت __خانم ضیاءالسلطنه__، عیال آقای __دکتر مصدق__، که خبر و تسلیت آن در روزنامه‌های دیشب درج شده بود، یک مجلس ختم ساده و عمومی، ساعت ۹/۳۵ صبح در حیاط گذارده شد. عده‌ای از عادی‌ها هم آمدند. تک‌تک به صدای بلند قرآن می‌خواندند و آخر سر، سورهٔ الرحمن و برچیدن مجلس با دعاهای مناسب و مؤثر.
آقای __طالقانی__ برای آن مرحومه و کلیهٔ مبارزین و مجاهدین و ذکر خیری از خود __دکتر مصدق__.
__چهارشنبه ۱۳۴۴/۴/۳۰__ - به مناسبت سالگرد ۳۰ تیر ۱۳۳۱، مراسمی به عمل آمد. در موقع سرود، خطابهٔ کوتاه یادبود توسط __آقای حکیمی__ و یک دقیقه اعلام سکوت. ساعت ۱۰ مجلس داخلی متضمن افتتاح و اعلام برنامه به‌وسیلهٔ __جعفری__، شعر نو توسط __نمازی__، سرود سی تیر به‌وسیلهٔ __عاقلی‌زاده، فرّخ، نمازی، مفیدی.__
پذیرائی شربت، سخنرانی مختصر __بازرگان__، نیایش توسط __جعفری__، پذیرائی چای.
__چهارشنبه ۱۳۴۴/۷/۷__ - امروز خانه‌تکانی داشتیم. نزدیک ظهر گفتند رئیس زندان عوض شده است. چند دقیقه بعد __ستوان یکم شهرام__ آمد برای خداحافظی و رئیس جدید، __سرگرد عطائی__ را معرفی کرد.
وقتی __ستوان شهرام__ می‌رفت بدرقهٔ پرشوری از او کردیم و در آخر هم شعار دادیم: __شهرام برگرد.__
آقای __رادنیا__ در موقع خداحافظی با او روی چهارپایه رفت و مختصری صحبت کرد ..." (صفحه ۵۹ پایان نقل قول)

در خاطرات بالا به خوبی دیده می‌شود که:

۱ حتی رئیس ساواک با برخوردی خیلی مطبوع، با ادب و سلام وتعاریف به دیدن زندانیان رفته‌است.

۲ هر روز پس از صبحانه، بطور دسته‌جمعی به خواندن سرود «ای ایران» می‌پرداخته‌اند و پس از آن کلاس خواندن و تفسیر قرآن داشته‌اند.

۳ در ارتباط با روزهای عید و عزای مذهبی، با دعوت از زندانیان سایر بندها، مراسمی ترتیب می‌داده و آزادانه به ایراد سخنرانی و جشن و یا عزاداری می‌پرداخته‌اند.

۴ با استفاده از رادیوی موج کوتاه قوی که در اختیار داشته‌اند به رادیوهای فارسی زبان خارج از ایران، از جمله اخبار **رادیوی پیک ایران** (رادیوی ضد رژیم وقت) که گویا فرستنده‌ی آن در آلمان شرقی واقع بوده است، گوش می‌داده‌اند.

۵ به آسانی و سادگی جشن نوروزی ترتیب می‌داده‌اند.

۶ در نوروز سال ۱۳۴۳، همه‌ی آنان را (بر خلاف روش معمول در زندان) بطور دسته‌جمعی برای ملاقات با اعضای خانواده‌هایشان به عشرت‌آباد برده‌اند.

۷ هیچ محدودیتی از نظر تماس با خارج و دریافت گل و شیرینی و غذا نداشته‌اند. تا جایی که حلیم واصله از منزل یکی از زندانیان، زمینه‌ی مسمومیت بیشتر زندانیان را فراهم ساخته است.

۸ آزادانه به انتشار روزنامه‌ی دست‌نویس داخلی و فکاهی مبادرت نموده‌اند.

۹ چون در نوروز ۱۳۴۴ زندانیان را مانند سال پیش برای ملاقات دسته‌جمعی و آزادانه با اعضای خانواده‌هایشان به عشرت‌آباد نبرده بوده و قصد داشته‌اند که روش همیشگی و معمول در زندان را درمورد آنان نیز اِعمال نمایند، عصبانی شده و تصمیم گرفته‌اند که از ملاقات با اعضای خانواده‌های خود خودداری نمایند. اما همگی به منظور مظلوم‌نمایی در پشت کارتهای ملاقات می‌نوشته‌اند:

" به واسطهٔ تضییقات استثنائی و ظلمی که شده است، ما از ملاقات خودداری داریم. "

اما همانطور که مرحوم بازرگان نوشته است:

" تعداد صد نفری آمده بودند و همه با ناراحتی و نفرین برگشتند. "

بطوری که می‌دانیم، در پی خودداری زندانیان از ملاقات در روزهای نوروز آن سال، در همه جا شایع شد: **شاه حتی در ایام نوروز هم اجازهٔ بازکردن غل و زنجیر از دست و پای زندانیان را نداده است تا اینکه فقط به مدت چند دقیقه بتوانند اعضای خانوادهٔ خود را از پشت میله‌های زندان ببینند!**

سازمان مجاهدین خلق ایران، بازوی تروریستی نهضت آزادی ایران

سازمان مجاهدین خلق ایران در شهریورماه ۱۳۴۴ توسط نهضت آزادی ایران برای انجام انواع اقدامات تروریستی و خرابکاری در کشور راه‌اندازی گردیده و تمام مخارج آن از هر حیث توسط این نهضت تأمین می‌شده است. **آیت‌الله سیدمحمود طالقانی** از سوی **نهضت آزادی** رهبری مخفی و مستقیم **سازمان مجاهدین** را عهده‌دار بوده است.

هرچند به علت وجود اسناد و شواهد فراوان که هماکنون در اثبات مطلب بالا در اختیار همگان قرار دارد، به نظر نمی‌رسد که نیازی به بحث و استدلال بیشتر در این مورد وجود داشته باشد، باز هم بی‌مناسبت نمی‌داند که چند سطری از زبان رهبر **نهضت آزادی** و دختر **آیت‌الله طالقانی** در تأیید آن مطلب به آگاهی خوانندگان گرامی برساند:

الف- از زبان مهندس مهدی بازرگان،
رهبر نهضت آزادی ایران

بازگوشده از گفتگوی **مهندس مهدی بازرگان** با سرهنگ **غلامرضا نجاتی**:

*" [پرسش:] مختصری دربارهٔ **سازمان مجاهدین خلق ایران** و ارتباط آن با **نهضت آزادی ایران** بفرمائید؟*

*[پاسخ:] **سازمان چریکی مجاهدین خلق ایران به‌وسیلهٔ سه تن از اعضای نهضت آزادی ایران، محمد حنیف‌نژاد، سعید محسن و علی‌اصغر بدیع‌زادگان، در شهریور ۱۳۴۴ پایه‌گذاری شد.***

*در آن موقع ما پس از محاکمه و محکومیّت در دادگاه نظامی، در زندان بودیم و از خبر تأسیس **سازمان مخفی مجاهدین خلق**، به‌وسیلهٔ رهبران آگاه شدیم[؟!].*

بحث پیرامون سوابق بنیانگذاران، فعالین و ساختار تشکیلاتی، ایدئولوژی، عملیّات چریکی، دستگیری عدهٔ قابل توجهی از سران و فعالین و محاکمه و محکومیّت آنها و همچنین علل تفرقه و انشعاب و گرایش بخشی از رهبران و کادرهای درجه اول به ایدئولوژی مارکسیستی، هم از حوصلهٔ این گفت‌وشنود خارج است و هم اینکه بنده توانائی و صلاحیّت توضیح کامل این موضوع را، که یکی از رویدادهای بزرگ و مهم در تاریخ مبارزات یک‌صد سال اخیر بشمار می‌رود، ندارم. در اینجا به مدد حافظه‌ام نکات کلی این جریان را شرح می‌دهم.

فکر مقاومت مسلحانه در برابر رژیم کودتا، از اواخر سال ۱۳۴۲ پس از سرکوب آخرین مقاومت‌های ملی و مذهبی، متلاشی شدن نیروهای اپوزیسیون و شکست نهضت ملی و از بین رفتن امکانات مبارزه از طریق قانونی، شکل گرفت.

*بطوری که **در سال ۱۳۴۳ همهٔ گروهها و دسته‌جات مخالف رژیم، با افکار و ایدئولوژی‌های گوناگون، به یک نتیجه رسیده بودند که تنها راه مبارزه با رژیم شاه، مبارزهٔ مسلحانه است.***

بنده نیز ضمن دفاع در دادگاه نظامی این نکته را به رئیس دادگاه خاطرنشان ساختم و گفتم:

ما آخرین کسانی هستیم که از راه قانون اساسی، به مبارزهٔ سیاسی برخاسته‌ایم و از رئیس دادگاه انتظار داریم این نکته را با بالاتری‌ها بگویند.

*ترور **حسنعلی منصور** نخست‌وزیر در بهمن ۱۳۴۳ و به گلوله بستن **شاه**، آن هم در کاخ سلطنتی و از طرف یکی از افراد گارد محافظ دربار، اخطار آغاز مبارزهٔ مسلحانه علیه رژیم کودتا بود.*

*__تشکیل سازمانهای چریکی، که مهمترین آنها سازمان مجاهدین خلق ایران و سازمان فدائیان خلق ایران بودند،__ از اوائل سال ۱۳۴۳ شروع شد. حملهٔ مسلحانهٔ گروههای **بیژن جزنی** و **احمدزاده** که چندی بعد در هم ادغام*

*شدند و **سازمان فدائیان خلق** را ایجاد کردند، به پاسگاه ژاندارمری سیاهکل در مازندران (اسفند ۱۳۴۹) آغاز عملیّات چریکی در ایران پس از کودتای ۲۸ مرداد بود.*
*اغلب بنیان‌گذاران **سازمان فدائیان**، سابقهٔ عضویّت یا همکاری با **حزب توده** را داشتند، ولی **عناصر تشکیل‌دهندهٔ مجاهدین خلق ایران از اعضای رادیکال نهضت آزادی بودند**. روابط **مجاهدین خلق و نهضت آزادی ایران** در دههٔ ۱۳۵۰ به تحولات و رویدادهای سیاسی بستگی داشت. بدین معنی که رهبران **نهضت آزادی کلیّه عملیّات مجاهدین را تأیید نمی‌کردند. به عنوان مثال بنده با ترور افراد، موافق نبودم و شیوه چپ‌گرایانه آنها را نمی‌پسندیدم.** با این همه آغاز فعالیّت مجاهدین **در اوائل دههٔ ۱۳۵۰، نهضت آزادی به مجاهدین کمک‌های مالی می‌کرد.***
پس از آنکه آیت‌الله طالقانی از زندان آزاد شد، با رهبران مجاهدین ارتباط داشت و اغلب دربارهٔ ایدئولوژی، نحوهٔ عملیّات با آنها مذاکره می‌کرد و گرایش چپ برخی از رهبران را نمی‌پسندید.
*برخی از رهبران و فعالان **نهضت آزادی**، مانند آقایان **عزت‌الله سحابی** و **مهندس محمد توسلی** برای کمک به مجاهدین و جلب پشتیبانی روحانیون از آنها، فعالیّت می‌کردند و به همین مناسبت در سال ۱۳۵۰ به اتهام همکاری با مجاهدین دستگیر و پس از محاکمه به زندان محکوم شدند.*
***نهضت آزادی در خارج از کشور، با مجاهدین ارتباط داشت. مطبوعات نهضت در آمریکای شمالی اغلب اعلامیه‌های مجاهدین را چاپ می‌کرد.** در مواردی از پخش اینگونه اعلامیه‌ها و رساله‌هائی که متن آنها با مشی سیاسی نهضت آزادی هم‌آهنگ نبود، خودداری می‌نمود. پس از انشعاب و جدائی مهرماه ۱۳۵۴ در سازمان رهبری مجاهدین و پخش بیانیهٔ تغییر مواضع ایدئولوژیک و گرایش انشعاب‌کنندگان به فلسفهٔ مارکسیسم اسلامی، **نهضت آزادی ایران تغییر رهبری و ایدئولوژیکی را از اسلامی به مارکسیست مورد انتقاد و نکوهش قرار داد.** ناگفته نماند که پس از پیروزی انقلاب ۱۳۵۷ هر دو گروه مجاهدین (مارکسیست‌ها و مجاهدین مسلمان) در برابر نهضت آزادی و دولت موقت موضع مخالفت و دشمنی را انتخاب کردند."*
(شصت سال خدمت بازرگان در صحنه سیاست- جلد نخست- صفحات ۳۸۱/۳۸۳)

این گفتگوها با **مهندس بازرگان**، در جلسات هفتگی، متجاوز از یکسال ونیم (از ۲۲ خرداد ۱۳۷۲ تا اواسط دیماه ۱۳۷۳) به طول انجامیده و بطوری که گفتگوکننده، یعنی **سرهنگ غلامرضا نجاتی**، در (صفحه چهارده) پیشگفتار همان کتاب نوشته است:

*" ... برای اینکه شوق و علاقهٔ **مهندس** را برای پیشرفت کارمان برانگیزانم، کوشش می‌کردم مطالب ضبط شده را هرچه زودتر از نوار پیاده کنم و روی کاغذ بیاورم و در جلسهٔ بعد برای مطالعه و بررسی نهائی به ایشان تحویل دهم، با این حال آنطور که انتظار داشتم، کارمان*

*پیشرفت نداشت. گاه **مطلب پس از پیاده شدن از نوار، تا دوباره‌خوانی و پاکنویس، چهار پنج بار، بین ما دست به دست می‌گشت، متن تنظیم‌شده دوباره اصلاح می‌شد، مطالب تکراری حذف می‌گردید، موضوع‌های از یاد رفته اضافه می‌شد.** بدین ترتیب پس از چند ساعت کار به نقطهٔ اول برمی‌گشتیم و دوباره شروع می‌کردیم ..."*

از همین چند سطر، به روشنی ملاحظه می‌شود، **مهدی بازرگان** تمام سخنان گفته شده‌ی خود را بارها و بارها از نو مطالعه کرده، آنها را تغییر داده و سرانجام و در هر حال سعی کرده است که تا حد امکان تمام اقدامات جنایت‌آمیز خود و سایر رهبران **نهضت آزادی** را توجیه نماید و به ویژه خود را بی‌گناه جلوه دهد.
در همین متن بالا می‌بینیم، هنگامی که **بازرگان** می‌خواهد اقدام به مبارزه‌ی مسلحانه بر ضد دولت ایران را توجیه کند، چنین می‌گوید:

" در سال ۱۳۴۳ همهٔ گروهها و دسته‌جات مخالف رژیم، با افکار و ایدئولوژی‌های گوناگون، به یک نتیجه رسیده بودند که تنها راه مبارزه با رژیم شاه، مبارزهٔ مسلحانه است. "

و چون مهمترین اقدامات **سازمان مجاهدین خلق**، از آغاز تاکنون ترور افراد بوده است، پس **بازرگان** با گفتن اینکه:

*" رهبران نهضت آزادی کلیّه عملیّات مجاهدین را تأیید نمی‌کردند. **به عنوان مثال بنده با ترور افراد، موافق نبودم و شیوه چپ‌گرایانه آنها را نمی‌پسندیدم.** "*

می‌خواسته است که خود را در انجام آن ترورها بی‌گناه نشان دهد و بطور ضمنی گناه انجام آن جنایات را به گردن سایر رهبران نهضت آزادی، ازجمله **آیت‌الله طالقانی**، بیاندازد.

ب- از زبان اعظم طالقانی، دختر آیت‌الله طالقانی

متن زیر از سایت اینترنتی www.negaheno.net زیرعنوان گفتگو با **خانم اعظم طالقانی** بازگو شده است:

*" ... من عضو سازمان نبودم اما با سازمان و اعضای آن ارتباط داشتم ... ایشان **[آقای طالقانی]** پژوهش‌های قرآنی ویژه‌ای داشتند و مخصوصاً دربارهٔ **آیهٔ بیست ویکم سوره آل‌عمران که می‌فرماید:***
إِنَّ الَّذِينَ يَكْفُرُونَ بِآيَاتِ اللَّهِ وَيَقْتُلُونَ النَّبِيِّينَ بِغَيْرِ حَقٍّ وَيَقْتُلُونَ الَّذِينَ يَأْمُرُونَ بِالْقِسْطِ مِنَ النَّاسِ فَبَشِّرْهُم بِعَذَابٍ أَلِيمٍ
از آنجا که گروههای مذهبی و مارکسیستی، مبارزهٔ چریکی و مسلحانه داشتند و برای جوانها نمادی از مبارزه با رژیم شاهنشاهی را در ایران

جا انداخته بودند، ایشان بر این آیه تکیه داشتند که در قیام به قسط مسئلهٔ *ناس (مردم) مطرح است نه مسئلهٔ مذهبی بودن و یا غیرمذهبی بودن.*

اینجا سخن این است که کسانی که قیام‌کنندگان برای حقوق مردم را **می‌کشند در ردیف کسانی هستند که انبیاء را می‌کشند و به آیات خدا کافر شدند.** این بحث‌ها همزمان با روآمدن و اوج گرفتن و مطرح شدن سازمان مجاهدین خلق بود. در آن زمان بود که بچه‌های اولیهٔ سازمان محاکمه می‌شدند و ارتباطی هم وجود داشت ...

هر موقع که قرار بود پدر با بچه‌های مجاهد ملاقاتی داشته باشد، من ایشان را می‌بردم و بعد از جلسه، ایشان را برمی‌گرداندم ...

من عضو سازمان نبودم ولی جلساتی را داشتیم که ساعت‌هائی را در جمع بعضی از آقایان سازمان، در واقع جانشینان بنیان‌گذاران، به بحث می‌نشستیم.

گاهی بحث بود که من عضو بشوم. من می‌گفتم: من از شما یک سری مدارک کتبی می‌خواهم. من نمی‌دانم شما چه می‌خواهید و می‌خواهید چه کار کنید. شما باید برنامهٔ مکتوبی داشته باشید. به فکر اساسنامه و مرامنامه و اینها نبودم ولی می‌گفتم یک برنامهٔ مکتوب می‌خواهم ... "

بطوری که در همین متن مختصر نیز به خوبی ملاحظه می‌شود، آیت‌الله **طالقانی** که رهبر مذهبی و سیاسی **مجاهدین خلق** بوده، در جلسات مجاهدین شرکت می‌کرده و آنان را راهنمایی می‌نموده است.

او به استناد آیه ۲۱ سوره‌ی آل‌عمران به آنان تلقین کرده بوده است که **اقدامات تروریستی آنان قیام جهت خدمت به مردم و مبارزه بر ضد ظلم و ستم می‌باشد و هرگاه در این راه کشته شوند آنوقت در ردیف پیامبران قرار می‌گیرند!!**

در صفحات ٦١ و ٦٢- قسمت پنجم از جلد سوم- تفسیر پرتوی از قرآن (طبق نظر آیت‌الله طالقانی) همین آیه از سوره‌ی آل‌عمران به شماره ۲۲، طبق همان نظر به تفصیل مورد تفسیر قرار گرفته‌است.

بطوری که در همین کتاب خواهیم دید، در جریان بازداشت فرزندان آیت‌الله **طالقانی، سازمان مجاهدین خلق ایران تمام نیروهای خود را بدون قید و شرط، تحت فرماندهی و نظارت عالی آیت‌الله طالقانی قرار داده است.**

بخش دوم

اسرار قتل طالقانی

مشکل‌سازی طالقانی برای دولت انقلابی،
در آغاز انقلاب

روز ۲۲ بهمن ۱۳۵۷ را، که پس از صدور اعلامیه‌ی بی‌طرفی ارتش شاهنشاهی، **مهندس مهدی بازرگان**، نخست‌وزیر انتخابی **خمینی**، در عمل زمام امور را به دست گرفت، آغاز جمهوری اسلامی به حساب می‌آورند.

در روز ۲۸ اسفند همان سال نخستین شورش مسلحانه بر ضد دولت تازه پایه‌گذاری شده‌ی انقلابی به وقوع پیوسته است. یعنی برخی از عشایر کُرد در سنندج شورش کرده و پس از اشغال رادیوی آن شهر، پادگان لشکر ۲۸ کردستان و مرکز ژاندارمری را به محاصره درآورده‌اند.

بطوری که روزنامه اطلاعات مورخ ششم فروردین ۱۳۵۸ (صفحه ٤) نوشته است:

" به دنبال این واقعه که منجر به کشته شدن دست کم ۱۲۰ نفر و مجروح شدن بیش از ۲۰۰ نفر شد، بلافاصله هیأتی از سوی کمیتۀ انقلابی امام خمینی، به سرپرستی **حضرت آیت‌الله طالقانی** [در روز چهارشنبه ۱۳۵۸/۱/۱] به سنندج عزیمت کرد و رسیدگی به جریان امر و همچنین خواستهای مناطق کردنشین را آغاز نمود ... "

در این هیأت **محمدحسین بهشتی، علی‌اصغر حاج‌سیدجوادی** (وزیر کشور)، **ابوالحسن بنی‌صدر**، و **علی‌اکبر هاشمی‌رفسنجانی** عضویت داشته‌اند.

سخنرانی طالقانی در سنندج و پذیرفتن درخواستهای کُردها

آیت‌الله طالقانی در روز پنجشنبه دوم فروردین ۱۳۵۸ در نشست بزرگی که در سنندج و با شرکت شمار زیادی کُرد که از شهرهای مختلف کردستان به آن شهر آمده بودند سخنرانی کرده و ضمن آن نخستین درخواستهای شورشیان را به شرح زیر پذیرفته است:

" ... مردم کُرد عضوی از پیکر جامعهٔ ایران هستند که ***هرگاه حرکت حق‌طلبانه‌ای از آنان سر زد برچسب تجزیه‌طلبی بر آن نهادند ...***
قرآن مجید ۱٤ قرن پیش اختیار بر سرنوشت و تصمیمات مردم را عنوان کرده است. خواستهای اساسی خلق کُرد اصولاً دو قسمت است:
- خودمختاری در زبان، فرهنگ و سرنوشت و
- رفع محرومیت‌های اقتصادی
در مورد اول *هیچکس نمی‌تواند با آن مخالفت کند. چون همهٔ ملت ایران در فرهنگ و تصمیم‌گیری آزاد و مختار هستند و اعلام می‌کنم که:* ***با این معانی شما آزاد و مختارید.***
در مورد دوم *این درست نیست که حاصل کوشش اکثریت مردم نجیب به جیب اقلیّت برود.* ***این بی‌معنی است که برادران کُرد ما زحمت بکشند و برای شکم‌گنده‌های شمال تهران و یا آسفالت خیابانهای تهران مالیات بدهند*** *... "*

(روزنامه اطلاعات- ششم فروردین ۱۳۵۸- صفحه ٤)

همان روزنامه در همان تاریخ و صفحه، زیر عنوان:

" سنندج اولین شهری است که دارای شورای شهری می‌شود. "

چنین نوشته است:

" ***حضرت آیت‌الله طالقانی*** *در اجتماع بازاریان شهر سنندج که بعدازظهر شنبه در میدان آزادی این شهر برگزار شد، ضمن سپاسگزاری از مردم کردستان گفتند: ...*
هیأتی از سوی گروه‌های مختلف به عنوان شورای موقت انتخاب شده و این هیأت یک هفته مهلت دارد تا مقدمات اخذ آراء عمومی مردم در جهت گزینش نمایندگان شورای شهری فراهم کند.
سپس این شورا موظف است امنیّت منطقه را حفظ نماید و مشکلات مردم را گزارش کند تا از دولت و ملت خواسته شود بیشترین نیروهای خود را متوجه رفع دردها و مسئولیتهای منطقهٔ کردستان بنماید ... "

آغاز شورش در بسیاری از نقاط ایران

آیت‌الله طالقانی که به عنوان نخستین قدم جهت اداره‌ی امور کشور، دستور انجام انتخابات برای تشکیل شورای شهر در سنندج را داده و تعیین اختیارات مورد درخواست اهالی آن شهر را نیز به عهده‌ی آن شورا واگذار کرده، نمی‌دانسته است که تشکیل چنین شورایی بی‌درنگ مورد درخواست تمام شهرها و روستاهای آن استان و نیز ساکنان سایر نقاطی که به زبانی غیر از زبان رسمی کشور سخن می‌گویند، قرار خواهد گرفت.

و حتی اگر چنین شوراهایی بسیار مفید و ضروری هم باشند، تشکیلشان به این سادگی نبوده است و پیشتر می‌بایست «**هزار نکتهٔ باریکتر از مو**» را بررسی نمایند و دست کم تعیین کنند که شورای مورد نظر در کدام استانهای کشور و در هر استان ارتباطشان با شوراهای شهرستانها، دهات و روستاهای همان استان و نیز با دولت مرکزی چگونه باید انجام شود؟

در هر حال، پس از دادن خودمختاری به سنندج و سایر نقاط کردستان از سوی **طالقانی**، بی‌درنگ تجزیه‌طلبان فرصت‌جو در بسیاری از نقاط ایران، از جمله در **گنبد کاووس**، **آذربایجان**، **خوزستان**، و **بلوچستان**، تشویق شده و با درخواستهایی مشابه کُردها، شورشهایی را به وجود آوردند.

در اینجا به منظور کوتاه کردن مطلب، از شرح این شورشها خودداری می‌شود و فقط بطور نمونه عناوین درشت صفحه‌ی نخست روزنامه اطلاعات-مورخ هشتم فروردین ۱۳۵۸، را به شرح زیر بازگو می‌نماید:

" زدوخورد گنبد کاووس یک طرح ضد انقلابیست
تا ظهر امروز عدهٔ کشته‌شدگان بیش از ۲۰ نفر گزارش شده است.
چریکهای فدائی خلق شرکت خود را در حمله به پادگانها تکذیب کردند. وزیر کشور: وابستگان رژیم سابق و عناصر ضدانقلابی مسبب حوادث بوده‌اند. "

که البته دولت، تمام این شورشها را با قوه‌ی قهریه فرونشانده و با همان قوه نیز با کُردهای شورشی به مبارزه برخاسته و از اجرای توافقهای **آیت‌الله طالقانی** با کُردها جلوگیری به عمل آورده است.

مبارزه‌ی غیرعلنی طالقانی با خمینی

تردیدی نیست که **آیت‌الله طالقانی** از ندیده گرفته شدن توافقهایش با کُردها به شدت عصبانی و ناراحت بوده و در جلسات خصوصی، سیاسی و شورای انقلاب این ناراحتی را ابراز می‌داشته و افزون بر آن، مرتب درمورد مزایای تشکیل شوراها در استانها و شهرستانها تبلیغ و کوشش می‌کرده است. باز هم تردیدی نیست که این نظر و اقدامات با هدفهای نهایی **خمینی** درمورد ایران مغایرت اساسی داشته و به شدت زمینه‌های ناراحتی او را فراهم ساخته بوده است.

در آن زمان که هنوز **نهضت** آزادی، یعنی گروه متعلق به **طالقانی**، به ریاست **مهندس بازرگان** (بهظاهر) دولت را در اختیار داشته و بیشتر گروههای بیشمار مذهبی و چپگرای مسلح و قدرتمند که از خارج از کشور به ایران برگشته و هر یک با چپاول و غارت اموال دولت و یا متعلق به شماری از فراریان و سکونت در خانههای آنان و نیز غارت سلاحهای نظامی از سربازخانهها و **یارگیری از جوانان فریبخورده در** ایران دارای لشکر مجهزی شده بودهاند، از **طالقانی** طرفداری میکردهاند، و افزون بر آن در شرایط ویژهای که در کشور به وجود آمده بوده است، تا حدودی تمام گروههای مسلح تجزیهطلب در نقاط مختلف نیز از هواداران **طالقانی** بهشمار میرفتهاند، گمان نمیرفته است که در صورت وقوع جنگ بین حامیان مسلح دو طرف، طرفداران **خمینی** به پیروزی برسند. به ویژه اینکه بیشتر اعضای سپاه پاسداران نیز **طالقانی** را بر **خمینی** برتری میدادهاند.

تشدید اختلافات طالقانی و خمینی
با بازداشت محمدرضا سعادتی

دستگیری یکی از اعضای سرشناس و فعال **مجاهدین خلق ایران**، به نام **محمدرضا سعادتی**، در اواخر بهمن و یا ابتدای اسفندماه ۱۳۵۷، توسط کمیته انقلاب مستقر در سفارت آمریکا، به اتهام جاسوسی برای روسیه، زمینههای تشدید و یا افشای اختلافات **طالقانی** و **خمینی** را فراهم ساخته است.

نگارنده بهتر آن میداند که داستان **محمدرضا سعادتی** را از ماجرای حملهی افراد مسلح به سفارت آمریکا در تهران، در روز ۲۵ بهمن ۱۳۵۷ که منجر به تشکیل یک کمیتهی انقلاب به منظور محافظت از آن سفارتخانه شده است آغاز نماید:

ماجرای نخستین حمله به سفارت آمریکا

در حدود ساعت ده و نیم صبح روز چهارشنبه ۲۵ بهمنماه ۱۳۵۷، که فقط ۳ روز از پیروزی انقلاب شوم اسلامی سپری شده بوده است، ناگهان شماری افراد مسلح ناشناس به سفارت آمریکا در خیابان تختجمشید حملهور شده و به سوی محافظان آن سفارتخانه، ولی نه به منظور کشتن آنها، تیراندازی مینمایند.
این چند محافظ سفارت ضمن تیراندازی مقابل، به داخل سفارتخانه رفته و با بستن درهای آن از ورود محافظان جلوگیری به عمل میآورند ولی در هر حال، تیراندازی بین مهاجمان مسلح که مرتب بر شمارشان افزوده میشدهاست، با تمام محافظان سفارت که همگی آمادهی دفاع شدهبودهاند، ادامه یافته است.
در پی آن گروههای مسلح دیگری از **چریکهای فدائی خلق و مجاهدین انقلاب اسلامی** به یاری مهاجمان تیرانداز شتافته و شماری از آنان موفق شدهاند که از

48

دیوار غربی سفارت بالا رفته و خود را به پشت بام ساختمانی که در آن قسمت قرار داشته برسانند و از آنجا به تیراندازی بپردازند.

مدیران محاصره شده‌ی سفارت آمریکا از همان ابتدا از داخل سفارتخانه و از طریق تلفن از مقامات دولت موقت درخواست کمک کرده‌اند. سرانجام **کمیته‌ی مرکزی انقلاب اسلامی**، در حدود ساعت ۱۲ افرادی را به کمک کارکنان آن سفارت فرستاده است.

با رسیدن نمایندگان **کمیته‌ی مرکزی انقلاب اسلامی**، محافظان سفارت دست از مقاومت برداشته و درهای بزرگ سفارت را برای ورود آنان باز کرده‌اند. به این جهت نمایندگان مذکور همراه با شمار زیادی از مهاجمان و مردم به محوطه‌ی سفارتخانه وارد شده و در آنجا اجتماع نموده‌اند.

این امر در نظر مردم به عنوان سقوط سفارت آمریکا و تسلیم کارکنان آن سفارت تلقی شده و مهمترین خبر روزنامه‌های آن روز را تشکیل داده است. روزنامه‌های اطلاعات و کیهان در آن روز در صفحه‌ی نخست خود با حروف بزرگ به ترتیب خبر مزبور را با این تیترها به اطلاع خوانندگان خود رسانده بودند:

" سفارت آمریکا سقوط کرد " (اطلاعات)

و

" افراد مسلح سفارت آمریکا را تصرف کردند " (کیهان)

اما همان روزنامه اطلاعات در زیر همان تیتر ***" سفارت آمریکا سقوط کرد "*** پایان ماجرا را به شرح زیر بیان کرده است:

> *" ... کلیهٔ کارکنان و افراد سفارت آمریکا در ساعت ۱۲ امروز در ساختمان مرکزی سفارت اجتماع کرده اعلام نمودند با نمایندگان چریکها و ارتش انقلاب مذاکره کنند.*
> *در پی این تقاضا نمایندگان کمیتهٔ انقلاب به ساختمان مرکزی سفارت رفتند. این نمایندگان به مردم اطلاع دادند که حمله به سفارت آمریکا توطئهٔ عمال پس‌ماندهٔ ساواک و دست‌نشاندگان فاسد رژیم پهلوی است تا به این وسیله بین ایران و آمریکا اختلافاتی به وجود آورند. "*
> (روزنامه اطلاعات- مورخ ۲۵ بهمن ۱۳۵۷- صفحه ٦)

تشکیل یک کمیته‌ی جدید به منظور محافظت از سفارتخانه‌ی آمریکا در ایران

در پایان روز ۲۵ بهمن ۱۳۵۷ با موافقت مدیران **سفارت آمریکا** و توسط **کمیته‌ی مرکزی انقلاب اسلامی**، یک کمیته‌ی جدید به منظور محافظت از سفارتخانه و کارکنان آن تشکیل شده است.

این کمیته‌ی جدید که «**کمیتهٔ مستقر در سفارت آمریکا**» نامیده می‌شد، و در داخل سفارتخانه چند اتاق را در ضلع غربی آن در اختیار داشته است، افزون بر وظیفه‌ی محافظت از سفارتخانه و کارکنان آن، مانند سایر کمیته‌های انقلاب به فعالیتهای محلی و شهری در خارج از سفارتخانه و بطور کلی کارهایی که در آن زمان انقلابی نامیده می‌شده، نیز مبادرت می‌نموده، که از جمله آنها تصرف چند خانه در پشت سفارتخانه بوده که صاحبانشان از ترس فراری شده بودند.

وضع اعضای کمیته‌ی مستقر در سفارت آمریکا

سرپرست کمیته‌ی مستقر در سفارت آمریکا را شخصی به نام **ماشاالله قصاب‌کاشانی** عهده‌دار بوده‌است و گویا شماری از اعضای آن را **مجاهدین انقلاب اسلامی** تشکیل می‌داده‌اند. یعنی همان افرادی که در آن روز از دیوار غربی سفارت بالا رفته بودند و در زمان تشکیل کمیته در آنجا حضور داشته‌اند و سردسته‌ی آنان **محمدرضا سعادتی** نام داشته است.

در اسنادی که از سفارت آمریکا به دست آمده و توسط افرادی که نام «**دانشجویان مسلمان پیرو خط امام**» را بر خود نهاده بودند منتشر شده است، گزارشی محرمانه به تاریخ ١٤ جون ١٩٧٩ (٢٤ خرداد ١٣٥٨) وجود دارد که توسط **استفانی. س. استافر** تهیه و توسط **بومن. هـ. میلر** تصدیق شده است. در این سند درباره‌ی امنیت سفارتخانه چنین می‌خوانیم:

*" **امنیت محوطهٔ سفارت** – در حال حاضر محوطه توسط یک گروه **مجاهدین** که به وسیلهٔ **ماشاءالله کاشی** رهبری می‌شود که ادعا می‌کند مدارکی [فرمان؟] مستقیماً از **خمینی** دارد، **حفاظت** می‌شود.*
نیروهای او که حدس زده می‌شود حداکثر ٤٠ نفر، با افراد رزرو که در دو مسجد در ناحیه قرار گرفته‌اند، آموزش ندیده، بی‌نظم و مسلح به سلاحهای مختلف هستند (برخی از اسلحه‌ها از سفارت دزدیده شده است) و دارای وسائل رادیوئی هستند که از کنسولگری در ٢٥ بهمن ١٣٥٧ منتقل گشته است.
افراد سرویس خارجی گزارش می‌دهند که فقط پنج تا ده نفر از افراد گارد در طول روز در مجموعه هستند. در طول ساعات غروب نیروها به پانزده تا بیست نفر افزایش می‌یابند. در بازدیدهای متناوب در شب معمولاً دیده شده که اکثراً خواب هستند.
*از نگرانیهای اصلی فقدان کنترل **ماشاءالله** و گروهش بعد از ساعات کار است. او از محوطهٔ سفارت به عنوان عملیات انقلابی و اطلاعاتی خودش استفاده کرده است.*
او عوامل ساواک را در محوطه آورده و اطاق موتور را برای اهداف بازپرسی استفاده می‌کند.

*با توجه به اینکه **ماشاءالله** ممکن است یک زندانی را در مجموعه شکنجه داده باشد، **کاردار** دستور داد که این فعالیتها متوقف شود. این عقیده وجود دارد که این فعالیت متوقف شده است.*
*به هرحال، **ماشاءالله** راههای دیگری برای سرگرم کردن خودش پیدا کرده است.*
او عملیاتی را بر علیه روسها و همچنین برخی از ایرانیان انجام داده است.
[از] یک ماشین سفارت در توقیف سه روسی استفاده شد و [از یک] خانهٔ امنیتی [که] خارج از محدودهٔ سفارت قرار گرفته بود.
*شلیکهائی بی‌هدف به یکدیگر و اشخاص ناشناس در مجموعهٔ سفارت در طول تاریکی شب مشکل دیگر **ماشاءالله** و مجاهدینش است.*
*در انتها **ماشاءالله** و نیروهایش راههای دسترسی به محوطه را کنترل می‌کنند. آنها تهدید می‌کنند، سوءاستفاده می‌کنند و بطور کلی راههای طبیعی قابل دسترسی به محوطه را مسدود می‌کنند.*
کوششهائی انجام شده تا نیروهای پلیس رفته‌رفته مسئولیتهای امنیتی مجاهدین را در دست بگیرند."
(اسناد لانهٔ جاسوسی- جلد شماره ٢٤- دانشجویان مسلمان پیرو خط امام- صفحات ١٧٦/١٧٧)

به گمان زیاد دو جملهٔ زیر که در سند بالا وجود دارد، مربوط به ماجرای بازداشت **محمدرضا سعادتی** می‌باشد:

" [از] یک ماشین سفارت در توقیف سه روسی استفاده شد و [از یک] خانهٔ امنیتی [که] خارج از محدودهٔ سفارت قرار گرفته بود. "

گویا چند خط تلفنی، به‌ظاهر آزاد، که در کمیته‌ی مستقر در سفارت مورد استفاده قرار داشته، توسط سفارت در اختیار کمیته قرار گرفته بوده است. ولی وضع ارتباطی آن تلفنها به ترتیبی بوده که کارکنان سفارتخانه می‌توانسته‌اند مکالمات آنها را ضبط و کنترل نمایند.

اعضای سفارتخانه در همان روزهای نخست، با کنترل مکالمات این تلفنها متوجه می‌شوند که **محمدرضا سعادتی** با برخی از کارمندان سفارت **روسیه شوروی در ایران**، در ارتباط می‌باشد و کارشناسان شوروی که توسط وی از موقعیت و نقشه‌ی ساختمانی محل استقرار کمیته با ساختمان مرکزی سفارت و محل کار و خدمت سفیر و کاردار و دیگر کارکنان و فعالیتهای آنان آگاهی یافته بوده‌اند، با توجه به آن اطلاعات، دستگاههای مخفی استراق سمع، عکس‌برداری و مخابره‌ی اطلاعات تهیه کرده بوده و قرار بوده است که آنها را توسط **محمدرضا سعادتی** در محلهایی مناسب که توسط کارشناسان مذکور پیشنهاد شده بوده است، نصب نمایند.

ولی در شبی که **سعادتی** طبق قرار قبلی برای دریافت آن وسایل به محل قرار رفته بوده است، وی و سه نفر مأموران روسی توسط **ماشاالله قصاب‌کاشی،** رئیس کمیته و شماری از همکاران کمیته‌ای خودش (که به احتمال زیاد غیر مجاهد و از مزدوران سفارت بوده‌اند) دستگیر می‌شوند و همگی در خانه‌های به اصطلاح امن که در خارج از سفارتخانه قرار داشته‌اند، زندانی می‌گردند.

ماجرا به آگاهی **آیت‌الله محمدرضا مهدوی‌کنی**، رئیس کمیته‌ی مرکزی انقلاب اسلامی، و گویا برخی دیگر از مسئولان و متنفذان آن روزها می‌رسد و بنا به دستور مقامات مربوطه خبر آن تا مدتی طولانی مخفی نگاه داشته می‌شود تا اینکه بتوانند با سفارتخانه‌ی روسیه به مذاکره و معامله بپردازند و با دریافت امتیازاتی زمینه‌های آزادی مأموران روسی را فراهم سازند.

در هر حال **محمدرضا سعادتی** در اواخر فروردین و یا ابتدای اردیبهشت ۱۳۵۸، به مقامات قضایی جهت محاکمه تحویل می‌گردد.

آنسان که پیداست، **سازمان مجاهدین خلق ایران** در همان روزها درمورد بازداشت **سعادتی** جزوه‌ای منتشر کرده و در آن ضمن سایر مطالب، درمورد نگهداری **سعادتی** در خانه‌ی امن پشت سفارت آمریکا نیز توضیحاتی داده بوده است.

این نویسنده به جزوه‌ی مزبور دسترسی پیدا نکرد ولی در روزنامه اطلاعات- مورخ ۱۱ تیرماه ۱۳۵۸ (صفحه ۱۲) به گزارش مربوط به مصاحبه‌ی مطبوعاتی سخنگوی **سازمان مجاهدین انقلاب اسلامی [مخالفان مجاهدین خلق]** برخورد. در این مصاحبه خبرنگار اطلاعات این پرسش را مطرح کرده بود:

*" در جزوه‌ای که راجع به اتهامات **سعادتی** منتشر شده ذکر گردیده است که ایشان پس از دستگیری به خانهٔ امنی انتقال داده شد، این خانهٔ امن که جدا از بازداشتگاه‌های قانونی است تحت مسئولیت چه کسانی اداره می‌شود؟ "*

سخنگوی **سازمان مجاهدین انقلاب** در پاسخ به این پرسش بیان داشته است:

" این مسئله برمی‌گردد به گروه بازداشت‌کننده که از پاسداران انقلاب بوده‌اند ولی تا آنجا که به ما اطلاع رسیده، ایشان را پاسداران انقلاب تحویل گرفته‌اند و این شایعه که ایشان را به خانهٔ پشت سفارت [آمریکا] برده‌اند واقعیت ندارد ... "

یعنی سرپوشیده گفته است که این کار را **پاسداران انقلاب** انجام داده‌اند و آقای **سعادتی** تا زمانی که به **دادستانی انقلاب** تحویل شده در اختیار **پاسداران انقلاب** بوده است.

پیش از ختم مطلب بد نیست که به بازگونمودن خاطره‌ای از آقای **عباس امیرانتظام** در این رابطه بپردازیم:

*" ... مطلب جالب و شنیدنی دیگری است که حیف است نگویم. بعدازظهر یکی از روزهای آخر بهمن [۱۳۵۷] بود. منشی من، **خانم زاهدی**، آمدند و گفتند: آقائی آمده است و می‌خواهد با شما ملاقات کند. اسمش را پرسیدم، گفت خودشان مرا می‌شناسند.*

درحالی که من اصلاً او را ندیده و نمی‌شناختم. آن شخص که هنوز قیافه‌اش در ذهن من است وارد شد و بلافاصله گفت:

من کارمند ادارهٔ ضدجاسوسی ادارهٔ هشتم ساواک هستم. آمده‌ام اطلاعات مهمی به شما بدهم.

استقبال کردم. برخوردهای من با اشخاص در اینگونه موارد جدا از این بود که از چه سازمانی است و چکاره است. من قاضی نبودم، باید از اطلاعات افراد به سود کشورم استفاده می‌کردم.
او گفت: امروز ساعت ۵ بعدازظهر قرار است یکی از کارمندان عالی‌رتبهٔ سفارت شوروی در ساختمانی در میدان ۲۵ شهریور دستگاههای اطلاعاتی جاسوسی شامل دوربین عکس‌برداری و ضبط‌صوت‌های مخصوص، در اختیار شخصی به نام **عبدالعلی** بگذارد.
من از آن شخص خواهش کردم در دفترم بماند تا موضوع را به نخست‌وزیر اطلاع بدهم. هنگامی که این خبر را به آقای **بازرگان** دادم، احساس کردم از شنیدن نام **عبدالعلی** ناراحت شدند. زیرا نام پسر بزرگشان **عبدالعلی** بود. نخست‌وزیر گفتند: قضیه را تعقیب کنید و نتیجه را به من بگوئید.
به اطاقم برگشتم و از آن شخص پرسیدم حالا چه می‌کنید؟ گفت: ما در خدمت دولت هستیم، دینی داریم، وطنی داریم، اگر چه انقلاب شده و اوضاع درهم و برهم است ولی ما باید وظیفه‌مان را انجام بدهیم. آمده‌ام به اطلاعتان برسانم که ما ردّ آنها را داریم و دستگیرشان می‌کنیم.
آن شخص بی‌آنکه نامش را بگوید و بنده هم اصرار به دانستن نامش داشته باشم، خداحافظی کرد و رفت و قرارشد نتیجه را اطلاع بدهد.
فقط بنده و آقای **بازرگان** از این خبر اطلاع داشتیم و در انتظار نتیجهٔ عملیات بودیم. سه چهار ساعت بعد، همان شخص برگشت و گفت:
مأمورین ما، به موقع در محل حاضر شدند و آن شخص – **عبدالعلی** – و آن مرد روسی را با دوربین مخصوص فیلم‌برداری و ضبط‌صوت توقیف کردند. نام اصلی **عبدالعلی** هم **محمدرضا سعادتی** است.
من تا آن روز نام **سعادتی** را نشنیده بودم. بعد معلوم شد آن کسی که همراه مأمورین ادارهٔ هشتم ضدجاسوسی ساواک، **سعادتی** و آن کارمند شوروی را دستگیر کرده به **ماشاالله قصاب** معروف بود، که تا آن روز نام او را هم نشنیده بودیم!
حضور **ماشاالله قصاب** در سفارت آمریکا با عنوان سرپرست کمیتهٔ مراقبت از آن محل و نیز مأموریت دستگیری **محمدرضا سعادتی** به نحوی که توضیح داده شد این موضوع را روشن می‌کند که **سفارت آمریکا از چگونگی رابطهٔ سرّی محمدرضا سعادتی با شوروی اطلاع داشته است.**
ماشاالله قصاب از افراد مورد اعتماد سفارت بود و تا روز آخری که همراه برادرش، **سولیوان** را به فرودگاه برد و او را سوار هواپیما کرد با سفارت همکاری می‌کرده است."
(شصت سال خدمت و مقاومت- خاطرات مهندس مهدی بازرگان در گفتگو با سرهنگ غلامرضا نجاتی- جلد دوم- صفحات ۳۳۹/۳۴۰)

در زیرنویس صفحه ۳۴۰ در همین کتاب می‌خوانیم:

*" **ویلیام سولیوان** در کتاب مأموریت در ایران به همکاری **قصاب مورد اعتمادمان** اشاره کرده و **چگونگی همراهی** او را در روز عزیمت از ایران، از سفارت تا فرودگاه را به تفصیل شرح داده است.*
نگاه کنید به مأموریت در ایران صفحات ۲۸۰/۲۸۱. "

در اطلاعیه‌ای که **سازمان مجاهدین خلق ایران** در تاریخ ۱۳۵۸/۴/۹ صادر کرده و در صفحه ۱۱ روزنامه اطلاعات مورخ ۱۳۵۸/۴/۱۰ به چاپ رسیده، تاریخ بازداشت **سعادتی** را دو ماه و چند روز پیش از آن ذکر کرده‌اند که می‌شود اوایل اردیبهشت ۱۳۵۸، در حالی که ما می‌دانیم و در تقریرات **عباس امیرانتظام** هم دیدیم که **سعادتی** تا حدودی از اواخر بهمن ۱۳۵۷، یعنی بیش از دو ماه پیش از این تاریخ در بازداشت بسر می‌برده است.

همچنین در همین اطلاعیه آمده است:

*" ... از سال ۴۸ به بعد که سازمان ما به دوران تدارک عمل پانهاده بود، تأمین سلاح و آموزش نظامی و کسب اطلاعات برای مواجهه مرگ و زندگی با رژیم **شاه** و اربابان آمریکائی‌اش، روابط خارجی هر چه منسجم‌تری را برای ما ضروری می‌نمود.*
به همین منظور تدریجاً در طول سالهای گذشته با انقلابیون فلسطین، ظفار، ترکیه، الجزیره، ویتنام، مراکش، صحرا، آمریکای لاتین و امثالهم تماس برقرار کردیم.
همچنین در همان ایام درصدد تماس با کشورهای ضدامپریالیست نظیر کوبا و چین برآمدیم که البته با تقویت پیوندهایمان با الفتح، دیگر نیازی به آن نبود ...
*لازم به تذکر است که ما برخی از اطلاعات خود را، بدون ذکر منابع و مآخذ، با تنی چند از عالیمقام‌ترین مراجع و همچنین مسئولین مملکتی درمیان گذاشته بودیم. همچنان که نوشتهٔ برادر اسیرمان نیز به صراحت بر ضرورت در جریان گذاشتن **آقا [طالقانی]** و دولت اشاره دارد ...*
*و اما در رابطه با مراجعین شوروی، ما خود و بدون **هیچگونه** تمایلی یا پیشنهادی که از جانب آنها ابراز شده باشد، برادرمان **سعادتی** را مسئول کردیم که با آنها ارتباط برقرارکنند.*
هدفهای این ارتباط مشخصاً عبارت بودند از:
۱ - کسب اطلاعات درمورد فعالیتها و شبکه‌ها و مأمورین سیا در ایران
۲ - تشریح موازین ملی و اسلامی میهن و انقلاب
*... این تمام موضوع مسئولیت **سعادتی** بطور کلی بودند که طبعاً مانند هر مسئول اجرائی دیگر، اتخاذ تاکتیک‌ها و شگردهای تاکتیکی و تکنیکی مربوط به ابتکار خود او در گذشته شده بود. یعنی همان **جزئیاتی که به خاطر دستگیری سعادتی هنوز هم سازمان بر آنها دقیقاً واقف نیست ...***

*برای ما همین کفایت می‌کند که **حضرت آیت‌الله طالقانی** پس از آگاهی بر جزئیات جریان چه خطاب به دو تن از نمایندگان شورای انقلاب (که از دو ماه پیش همهٔ جزئیات توطئه را در اختیار آنها گذاشته بودیم) در حضور خود ما، و چه خطاب به نمایندگان سازمان فرمودند:*
جریان سعادتی اصلاً جاسوسی نیست، بلکه بچه‌ها عجله‌کاری کرده‌اند.
همچنین ایشان با طعنه افزودند: نمی‌دانم چرا سالهای سال است که در این کشور همیشه جاسوس روس می‌گیرند و یکبار نشنیدیم که جاسوس آمریکائی بگیرند[؟!].
*متذکر می‌گردیم که **حضرت آیت‌الله طالقانی** بر توضیحات نمایندگان مجاهدین در قبال نمایندگان شورای انقلاب سمت نظارت داشتند ... "*
(اطلاعات- مورخ ۱۰ تیر ۱۳۵۸- صفحه ۱۱)

" ملاقات وزیر دادگستری و مدیر کل پزشکی

***قانونی با سعادتی** – **دکتر کریم لاهیجی**، وکیل مدافع **محمدرضا سعادتی**، اعلام کرد که به دنبال صدور دستور از سوی دادستان کل انقلاب اسلامی طی هفتهٔ گذشته دوبار با موکلم ملاقات کردم.*
***لاهیجی** گفت: در این دو ملاقات جمعاً ٥ ساعت با **سعادتی** گفتگو کردم و پیرامون دستگیری، اتهام، بازجوئی، شکنجه و آزار و بدرفتاری با او مفصلاً مذاکره شد.*
***دکتر لاهیجی** افزود: چون موکلم از مدتها پیش اعلام کرده بود وجود پزشک قانونی از جهت تشخیص شکنجه و ایراد ضرب لازم است، در دیدار خود با آقای **وزیر دادگستری** بار دیگر این تقاضا را مطرح کردم و برای آنکه واقعیت آشکار شود دستور معاینه از آقای **سعادتی** داده شد و خوشبختانه آقای **صدر حاج‌سیدجوادی**، وزیر دادگستری، همراه آقای **میرحقانی**، مدیر کل پزشکی قانونی که خود از مبارزان سرسخت حق و عدالت است در محل زندان اوین آقای **سعادتی** را مورد معاینه قرار داد و وجود آثار ضرب و جرح در سر و صورت آقای **سعادتی** را تأیید کرد. **لاهیجی** اضافه کرد: با آنکه بیش از دو ماه از شکنجه موکلم می‌گذرد، نظر پزشک قانونی و نتیجهٔ معاینه که با حضور وزیر دادگستری انجام شد، روی کاغذ آمد و در پرونده ضبط شد ... "*
(اطلاعات- مورخ ۹ مرداد ۱۳۵۸- صفحه ۲)

نظر به اینکه دنباله‌ی ماجرای **سعادتی** ارتباطی با **آیت‌الله طالقانی** و فرزندان وی ندارد و خارج از موضوع مورد بحث این بخش از کتاب می‌باشد، پس پی‌گیری آن ماجرا را در همین جا به پایان می‌رسانیم و تنها به آگاهی خوانندگان گرامی می‌رسانیم که این شخص پس از محکومیت در دادگاههای به اصطلاح اسلامی در تاریخ ٤ مهر ۱۳٦۰ (۲٦ سپتامبر ۱۹۸۱) اعدام شده است.

تعطیل کمیته‌ی انقلاب مستقر در سفارت آمریکا

پاسداران کمیته‌ی مرکزی انقلاب بنا به دستور کتبی که از سوی آیت‌الله محمدرضا مهدوی‌کنی، سرپرست آن کمیته صادر شده بود، در تاریخ ۲۱ مرداد ۱۳۵۸ بطور ناگهانی و بدون اطلاع قبلی به آن کمیته هجوم برده و به این دلیل که آن کمیته بطور مستقل رفتار می‌نماید و وابسته به هیچ یک از کمیته‌های ۱۴ گانه تهران نیست، اعضای آن را وادار به تسلیم نموده و خلع سلاح کردند.

ارتباط پسر آیت‌الله طالقانی و برخی پسران آیت‌الله گلزاده‌غفوری با ماجرای محمدرضا سعادتی

محمدرضا سعادتی پس از دیدن شکنجه‌های فراوان و طاقت‌فرسا، به گناهان خود درمورد جاسوسی برای روسیه اعتراف کرده و نیز شماری از هم‌رزمان و هم‌مسلکان سازمانی خود را لو داده که گویا سیدمجتبی طالقانی، یکی از پسران آیت‌الله طالقانی، و نیز برخی از پسران آیت‌الله گلزاده غفوری در زمره‌ی آنان بوده‌اند. روح‌الله خمینی پس از آگاهی از شرکت پسران طالقانی و گلزاده‌غفوری در ماجرای سعادتی به فکر افتاده است که از این جریان سوءاستفاده نماید. یعنی با بازداشت مجتبی به اتهام جاسوسی برای شوروی که دارای مجازات مرگ بوده است، طالقانی را وادار به سکوت و ترک مخالفت نماید. (درمورد احتمال سوءاستفاده خمینی از اتهامات مربوط به پسران گلزاده‌غفوری در جای دیگری صحبت شده است.) به این جهت به تنها فردی که در کمیته‌های انقلاب مستقیم با خود او رابطه داشته، یعنی محمد غرضی، معاون کمیته سلطنت‌آباد، دستور بازداشت سیدمجتبی را صادر می‌نماید. البته ظاهر قضیه این بوده است که خمینی پس از آگاهی از داستان سعادتی، دستور بازداشت و محاکمه‌ی تمام دست‌اندرکاران را صادر نموده ولی از شرکت سیدمجتبی در آن ماجرا آگاهی نداشته است.

داستان بازداشت فرزندان آیت‌الله طالقانی

پیشگفتار

چکیده‌ای از اگاهی‌ها درمورد سیدمجتبی

بطوری که می‌دانیم، فرزندان آیت‌الله طالقانی از بیش از یک همسر بوده‌اند و اغلبشان در یکی از گروههای سیاسی مسلح یا غیرمسلح به صورت فعال عضویت و شرکت داشته‌اند، همگان با توجه به اطاعت آنان از آیت‌الله، بر این عقیده بوده‌اند که هر یک از این عضویتها و فعالیتها با پیش‌بینی و حساب دقیق و بنا به دستور خود حضرت آیت‌الله صورت گرفته بوده است تا اینکه از طریق هر فرزند با یک

56

گروه روابط دوستانه برقرار سازد و در هر زمان نیز در جریان اوضاع داخلی و فعالیتهای آن گروه قرار داشته و از همه بالاتر همواره از حمایت آن گروه نیز برخوردار باشد.
حال یکی از فرزندان **آیت‌الله طال‌قانی** به نام آقا **مجتبی**، به همان دلایلی که در بالا ذکر شد، و به ظاهر بنا بر اراده و میل شخصی در **سازمان مجاهدین خلق ایران** (که پدر خودش رهبر مخفی آن بوده) (البته در زمانی که هنوز همه‌ی اعضای آن مسلمان بوده‌اند) عضویت یافته و گویا در زمره گردانندگان و تعیین‌کنندگان خطمشی آن سازمان نیز درآمده بوده است.

بعدها، در سال ۱۳۵٤، شماری از اعضای کارساز آن سازمان تغییر مسلک داده و **ایدئولوژی مارکسیسم** را پذیرفته‌اند و گروهی از آنان که در این ایدئولوژی متعصب‌تر از دیگران بوده‌اند، **سازمان پیکار برای آزادی طبقه‌ی کارگر** را تشکیل داده‌اند که **سیدمجتبی طالقانی** نیز جزو این افراد بوده است.
مطلبی در اینترنت درمورد تغییر ایدئولوژی و مرام **سازمان مجاهدین خلق ایران** در آدرس زیر وجود دارد:

http://www.netiran.com/Htdocs/clippings/DPolitics/011029XXDP01.html

در آنجا شرح داده شده است که چگونه ایدئولوژی آن سازمان که در آغاز **اسلامی** بوده، تغییر یافته و به صورت **مارکسیسم** و یا **مارکسیسم اسلامی** درآمده است.
ضمن این مطلب ترجمه‌ی نامه‌ای هم (به انگلیسی) از **مجتبی طالقانی** آورده شده که آن را برای پدرش، **آیت‌الله طالقانی**، نوشته بوده است.
نگارنده‌ی این سطور، پیشگفتار مربوط به آن نامه و نیز متن آن نامه را به شرح زیر به فارسی برگردانده است که بی‌گمان کلمات و جملات آن درست با آنچه که **مجتبی طالقانی** در آغاز به فارسی نوشته بوده است، متفاوت می‌باشد:

> *" ... راجع به روابط بین سازمان اولیهٔ مجاهدین خلق با روحانیون، کافی است که به نامهٔ **مجتبی طالقانی**، پسر روحانی مبارز، **سیدمحمود طالقانی**، مراجعه شود. وی متعاقب این تغییر ایدئولوژیکی به پدر خود چنین نوشته است:*
> ***اکنون دو سال است که خانه را ترک کرده و در اختفاء بسر می‌برم و هیچ تماسی با شما ندارم.***
> *به واسطهٔ احترام عمیقی که به شما دارم و نیز به علت سالهای طولانی که ما دوش‌به‌دوش یکدیگرعلیه امپریالیسم و ارتجاع مبارزه کرده‌ایم، لازم دانستم که برای شما شرح دهم که چرا من و همفکرانم تصمیم گرفته‌ایم که تغییراتی اساسی در سازمان به وجود بیاوریم.*
> *من از اولین روزهای زندگیم از شما آموختم که چطور باید از این دولت **(شاه)** خون‌آشام متنفر و منزجر باشم. من همواره احساس*

*انزجارم را از طریق دین، با درسهائی که از رفتار آتشین **محمد پیامبر** (ص)، **امام علی** (ع) و **امام حسین** (ع) آموخته بودم، ابراز داشته‌ام.*
من همواره به اسلام به عنوان زبان فصیح توده‌های زحمتکش در مبارزه بر علیه بی‌رحمی احترام گذاشته‌ام. اما من در دو سال گذشته به آموختن مارکسیسم پرداخته‌ام. من در گذشته فکر می‌کردم که روشنفکران مبارز این رژیم را سرنگون سازند. اما اکنون فکر می‌کنم که ما باید توجه خود را به طبقهٔ کارگر برگردانیم. ما برای اینکه توانائی سازمان‌دهی طبقهٔ کارگر را داشته باشیم باید اسلام را کنار بگذاریم زیرا دین، پویائی اساسی تاریخ مبارزهٔ طبقاتی را نمی‌پذیرد.
البته اسلام می‌تواند نقشی پیشرو مخصوصاً در به حرکت درآوردن طبقهٔ روشنفکر علیه امپریالیسم بازی نماید، اما این فقط مارکسیسم است که تجزیه و تحلیلی علمی از جامعه به دست می‌دهد و به طبقات استثمارشده و در جهت آزادسازی آنان توجه می‌نماید.
من در گذشته فکر می‌کردم که آنان که به ماتریالیسم تاریخی اعتقاد دارند، به علت اینکه به روز قیامت و زندگی پس از مرگ معتقد نیستند قادر به ایثار و فداکاری نمی‌باشند. اما اکنون می‌دانم که بزرگترین و عالیترین فداکاری که شخص می‌تواند انجام دهد، پذیرفتن مرگ به خاطر آزادی طبقهٔ کارگر می‌باشد ..."

نگارنده یقین دارد که این نامه توسط خود **طالقانی** ولی به نام فرزندش تهیه شده بوده است تا اینکه با نشان دادن آن به دیگران، خود را از تغییر روش و مرام مجاهدین خلق و محل اختفای فرزندش بی‌خبر نشان دهد.

شرح بازداشت سیدمجتبی و سید ابوالحسن

ساعت ۱۰:۳۰ صبح روز پنجشنبه ۲۳ فروردین ۱۳۵۸ (۱۱ آپریل ۱۹۷۹) اتومبیلی که دو نفر از فرزندان **آیت‌الله طالقانی** به اسامی **مجتبی** و **ابوالحسن** همراه با **همسر مجتبی** در آن بوده‌اند، در **خیابان شادمان**، توسط اتومبیلی که شماری از پاسداران کمیته سلطنت‌آباد در آن بوده‌اند، متوقف می‌شود. این پاسداران **فرزندان آیت‌الله** و **همسر مجتبی** را به کمیته سلطنت‌آباد برده و به آنجا تحویل داده‌اند.
گویا **فرزندان آیت‌الله** برای گرفتن نامه‌ای که **یاسرعرفات** برای **آیت‌الله طالقانی** فرستاده بوده است، به سفارت فلسطین [سفارت سابق اسرائیل واقع در خیابان کاخ (سابق) و نزدیک میدان کاخ (سابق) که این هر دو نام نیز به فلسطین تغییر یافته است] رفته بوده‌اند و پس از بیرون آمدن از آن سفارتخانه مورد تعقیب و بازداشت قرار گرفته‌اند.
پیش از آن، کمیته سلطنت‌آباد شماره پلاک اتومبیل حامل **فرزندان آیت‌الله** را توسط بیسیم به اطلاع تمام پاسداران در سرتاسر تهران رسانده و از آنان خواسته بوده است که در صورت مشاهده‌ی آن اتومبیل، آن را متوقف ساخته و سرنشینان آن را بازداشت نمایند ولی پاسدارانی که **فرزندان آیت‌الله طالقانی** را بازداشت کرده

بودند، حکم بازداشت **مجتبی طالقانی** را که به امضای **محمد غرضی** معاون کمیته سلطنت‌آباد رسیده بود، در دست داشته‌اند(این شخص همان پاسداری است که بعد به دستور **خمینی** به وزارت نفت و وزارت پست و تلفن و تلگراف هم رسید).

گویا مختصر مقاومتی از سوی **فرزندان آیت‌الله** صورت گرفته بوده است و به همین جهت بازداشت‌کنندگان تا اندازه‌ای با آنان درگیری هم داشته و به زور آنان را وادار به تسلیم کرده بودند.

با اینکه حکم بازداشت مخصوص **مجتبی طالقانی** بوده ولی **ابوالحسن طالقانی** و **همسر مجتبی** حاضر به ترک **مجتبی** نشده و داوطلبانه با او همراه شده‌اند.

این رخداد در مقابل یک نانوایی روی داده و یکی از کارکنان آن که جریان بازداشت را دیده و این گفتار یکی از بازداشت‌شدگان را که خود را از فرزندان **آیت‌الله طالقانی** معرفی می‌کرده است، شنیده بوده، مطلب را به آگاهی کمیته‌ای در **خیابان مزین‌الدوله** که در مقابل **بیمارستان ایرانشهر** قرار داشته‌است، می‌رساند و **آیت‌الله طالقانی** توسط مسئولان این کمیته از بازداشت فرزندان خود آگاهی می‌یابد.

بازداشت‌شدگان را تا سه‌راه ضرابخانه، نزدیک ساواک سابق، با اتومبیل خودشان برده و از آنجا آنان را به چشمهای بسته با اتومبیلی دیگر به کمیته سلطنت‌آباد منتقل ساخته و در آنجا در سلولهای انفرادی جا داده‌اند.

در حدود ساعت ۱۱ شب، **فرزندان آیت‌الله** را برای بازجویی برده‌اند ولی گویا چون بازجویان هیچگونه مجوزی برای بازداشت آنان نداشته‌اند، پس فرزندان مذکور نیز حاضر به پاسخگویی به پرسشهای بازجویان نشده و به سلولهای خود برگشت داده شده‌اند.

هر سه زندانی از همان آغاز از پذیرفتن غذا خودداری کرده و تا زمان آزادی حاضر به پذیرفتن غذای کمیته نشده بودند.

واکنش بسیار شدید آیت‌الله طالقانی

پس از اینکه خبر بازداشت **فرزندان آیت‌الله** به خانه‌ی وی می‌رسد، ابتدا از خانه و دفتر او از تمام کمیته‌های انقلاب و سایر مراکزی که توسط پاسدارها اداره می‌شده است، در این مورد تحقیق به عمل می‌آید ولی همه‌ی آنها اظهار بی‌اطلاعی می‌نمایند. به ناچار جستجویی گسترده توسط افراد خانواده‌ی **آیت‌الله** و پاسدارهای وابسته به دفتر و کمیته‌های زیر نظر وی در سطح شهر تهران به‌منظور یافتن اتومبیل بازداشت‌شدگان آغاز می‌شود. تا اینکه در حوالی شب، یکی از فرزندان دیگر **آیت‌الله** موفق می‌شود که اتومبیل مورد نظر را در محل پارکینگ کمیته سلطنت‌آباد پیدا کند.

از این پس جستجوها وارد مرحله‌ای تازه می‌شود. **آیت‌الله طالقانی** دستور احضار مسئولان کمیته و یا به عبارت صحیح‌تر دستور بازداشت آنان را صادر می‌کند. پاسداران تحت فرمان **آیت‌الله**، دو نفر را به اسامی **دانش** و **غرضی**، که به ترتیب رئیس و معاون آن کمیته بوده‌اند، دستگیر کرده و به حضور آیت‌الله می‌آورند. در آنجا مشخص می‌شود که رئیس کمیته از آن بازداشتها بی‌خبر بوده و معاون کمیته به تنهایی دستور بازداشت را صادر کرده بوده است.

یک مقام دفتر آیت‌الله **طالقانی** این جریان را برای خبرنگار روزنامه اطلاعات به شرح زیر تعریف کرده است:

" ... *وقتی خبر بازداشت فرزندان آیت‌الله طالقانی به منزل ایشان رسید، بلافاصله گروه ضربت منزل ایشان به تکاپو افتادند و پس از جستجوی بسیار، شخصی به نام [خانوادگی] غرضی را در ارتباط با این حادثه بازداشت کردند ـ نام اصلی این شخص که مدتها در فرانسه اقامت داشته است، حیدری است ـ غرضی ابتدا منکر قضایا شد ولی وقتی در برابر سئوالات آیت‌الله طالقانی قرار گرفت، ناچار اعتراف کرد که بازداشت به دستور او صورت گرفته است ...* "*
(اطلاعات ـ مورخ ۲۵ فروردین ۱۳۵۸ ـ صفحه ۲)

بطوری که **مجاهدین خلق ایران** در بیانیه مورخ ۲۴ فروردین ۱۳۵۸ خود نوشته‌اند:

" ... *عجیب‌تر اینکه وقتی محمد غرضی به حضور حضرت آیت‌الله احضار می‌شود باز هم حامیان و پشتیبانان او از آزادکردن فرزندان حضرت آیت‌الله خودداری می‌ورزند.*
حتی از دستورات مؤکد آقای مهندس بازرگان [نخست‌وزیر] و معاون ایشان [دکتر ابراهیم یزدی] نیز دائر بر آزادی ربوده‌شدگان صراحتاً سرپیچی می‌شود ... " (اطلاعات ـ همان شماره ـ همان صفحه)

خلاصه اینکه آیت‌الله **طالقانی**، **محمد غرضی** را در بازداشت نگاه می‌دارد و اعلام می‌نماید که اگر این شخص خودسرانه به بازداشت فرزندان من اقدام نموده است باید برکنار، محاکمه و مجازات شود و اگر اینکار را بنا به‌دستور مقامی بالاتر از خود به‌انجام رسانده است باید نام آن شخص را اعلام‌کند.
البته محمد غرضی نمی‌توانست نام دستوردهنده‌ی اصلی را که شخص خمینی بوده است، بیان نماید.
در هر حال، چون:

" ... *کمیتۀ انقلاب سلطنت‌آباد می‌خواست در ازای آزادی فرزندان حضرت آیت‌الله، دکتر یزدی تعهد تحویل محمد غرضی را که در خانۀ آیت‌الله بسر می‌برد بنماید. اما آیت‌الله طالقانی این پیشنهاد را رد کردند و گفتند اگر بچه‌های مرا اعدام کنند مهم نیست ولی به هیچ‌وجه برای چنین معامله‌ای حاضر نیستم.*
به قرار اطلاع پس از آنکه حضرت آیت‌الله حاضر به معامله نشدند، با موافقت آقای دکتر یزدی، آقای غرضی توسط سرهنگ امیررحیمی بازداشت شد. مذاکرات در منزل آیت‌الله طالقانی ادامه یافت و در این مذاکرات آقای دانش رئیس کمیتۀ انقلاب اسلامی سلطنت‌آباد نیز حضور داشت ...
که سرانجام منجر به آزادی فرزندان حضرت آیت‌الله از زندان لویزان شد ... "
(اطلاعات ـ همان شماره ـ همان صفحه)

60

بی‌اطلاعی مقامات و سازمانهای رسمی
از بازداشت فرزندان آیت‌الله طالقانی

کمیته‌های چهارده‌گانه‌ی انقلاب

آیت‌الله محمدرضا مهدوی‌کنی، سرپرست کمیته‌های انقلاب جمهوری اسلامی اعلام کرد که کمیته‌ی مرکزی و کمیته‌های چهارده‌گانه‌ی انقلاب اسلامی در جریان بازداشت **فرزندان آیت‌الله طالقانی** قرارنداشته و از هویت بازداشت‌کنندگان و دلیل اقدام آنان بی‌اطلاع می‌باشند.

دولت

دولت از اقدامات مربوط به توقیف و بازداشت **فرزندان حضرت آیت‌الله طالقانی** به شدت اظهار ناراحتی نمود و این حرکت را محکوم کرد.

اعلامیه‌ی سپاه پاسداران

سپاه پاسداران انقلاب اسلامی در تاریخ ۱۳۵۸/۱/۲۵ بیانیه‌ای کمابیش مفصل صادر کرده که چکیده‌ی آن به این صورت است:

*" ... سپاه پاسداران انقلاب اسلامی با رهبری **آیت‌الله‌العظمی امام خمینی**، که بار دیگر قیام انبیاء و اوصیاء را در خاطره‌ها زنده کرد، وظیفه‌ای اسلامی و انسانی در جهت پاسداری از دستاوردهای مقدس انقلاب به عهده دارد و به عنوان شاگردان مکتب **آیت‌الله مجاهد نستوه، آقای طالقانی**، خدای بزرگ را گواه می‌گیریم که تا آخرین قطرهٔ خون خویش در حفظ و حراست انقلاب عظیم اسلامیمان بکوشیم و در این راه نه‌تنها برای به محاکمه کشیدن ضد انقلاب هیچگونه اغماض نخواهیم داشت [بلکه] با تمامی وجود و همهٔ امکانات با مخالفین، به وسائل مختلف خواهیم جنگید. این دیگر مسئلهٔ شخصی نیست که قابل عفو باشد ... "*
(اطلاعات- ۲۶ فروردین ۱۳۵۸- صفحات ۱ و ۲)

باز هم اعلامیه سپاه پاسداران

" ... به دنبال بازداشت *مجتبی و ابوالحسن طالقانی* موجی از مخالفت و نارضایتی، نخست در نزدیکان و سپس بین توده‌ها ایجاد شد و هر لحظه گسترش یافت و اوج گرفت و تدریجاً فروکش خواهد کرد.

دریغ و درد که با تمام کوشش و تلاشی که برای دسترسی به مجاهد و رهبر مبارز و اندیشمند، **حضرت حجت‌الاسلام و المسلمین *[آیت‌الله نه؟]***، آقای *طالقانی، متع‌الله مسلمین بطول بقائه،* به عمل آمد، توفیق زیارت ایشان نصیب نشد.

الحال چون در این مهم می‌بایست برای رفع هرگونه اعتراض و اشکال و سوءتفاهم، در محضر ایشان موضوع روشن شود، **سپاه پاسداران ضمن تکذیب کلیهٔ شایعات از هرگونه اظهار نظری قبل از زیارت آیت‌الله طالقانی خودداری می‌کند.** "

(روزنامه اطلاعات- ۲۷ فروردین ۱۳۵۷- صفحه ۲)

شورای انقلاب

شورای انقلاب در تاریخ ۱۳۵۸/۱/۲۸ اطلاعیه‌ای منتشر ساخته و ضمن آن چنین اعلام نموده‌است:

" ... دربارهٔ پیش‌آمد توقیف *فرزند حضرت آیت‌الله طالقانی* لازم است به اطلاع برساند که شورا پس از اطلاع، دستور تحقیق داده و اکنون مسلم است که **کمیته‌های رسمی امام** و همچنین رهبری سپاه پاسداران انقلاب در این کار هیچگونه دخالتی نداشته‌اند و **سپاه پاسداران هنوز هم بطور کامل تحت قیادت شورای انقلاب درنیامده است** ... "

(روزنامه اطلاعات- مورخ ۲۹ فروردین ۱۳۵۸- صفحه ۲)

رفتن آیت‌الله طالقانی به نقطه‌ای نامعلوم

خبر رادیوی جمهوری اسلامی

رادیوی جمهوری اسلامی در ساعت ۱۱ صبح شنبه مورخ ۲۵ فروردین ۱۳۵۸ در سرویس خبری خود این خبر را پخش کرده است:

" دیروز صبح فرزندان مجاهد بزرگ **حضرت آیت‌الله طالقانی** به علت سوءتفاهم و شناخته نشدن دستگیر شدند.

ضمن تماس با عاملین امر، مسئله بلافاصله حل شد.

62

حضرت آیت‌الله طالقانی که از چندی قبل درنظرداشتند که چند روزی را برای استراحت به مسافرت بروند و اکنون به همین جهت به خارج از تهران رفته‌اند. این مسافرت متأسفانه ایجاد سوءتفاهم‌هایی کرده و موجب نگرانی و ناراحتی در بین مردم شده است.
امروز ضمن تماس با نزدیکان مجاهد بزرگ اطلاع حاصل کردیم که شایعات درمورد حضرت آیت‌الله طالقانی کلاً بی‌اساس بوده و جای هیچگونه نگرانی نیست.
حضرت آیت‌الله در اولین فرصت شخصاً پیامی به ملت مسلمان ایران خواهند فرستاد."
(روزنامه اطلاعات- مورخ ۲۵ فروردین ۱۳۵۸- صفحه ۲)

خبر روزنامه اطلاعات

روزنامه اطلاعات با عنوان «**اظهارات یک مقام دفتر آیت‌الله طالقانی**» با درج خبری به شرح پایین، درست در زیر خبر رادیوی جمهوری اسلامی، به شرح بالا، درحقیقت تکذیب نامه‌ی آن خبر را انتشار داده بود:

*" حوالی ظهر امروز، یکی از مسئولان دفتر **حضرت آیت‌الله طالقانی**، ضمن برقراری تماس با روزنامهٔ اطلاعات ضمن تشریح چگونگی بازداشت **فرزندان حضرت آیت‌الله طالقانی** افزود ...*
***حضرت آیت‌الله** به عنوان اعتراض به اینکه هیچ مقامی مسئولیت چنین حوادثی را به عهده نمی‌گیرد و این قبیل حوادث، انقلاب اسلامی را به مخاطره می‌اندازد منزلشان را ترک کرده و به نقطهٔ نامعلومی عزیمت کردند.*
***انعکاس خارجی** – عزیمت **آیت‌الله طالقانی** و خانواده‌اش از تهران به عنوان اعتراض نسبت به بازداشت فرزندان خود در سه روز گذشته، مهمترین خبری بوده است که خبرگزاریها از تهران مخابره کرده‌اند و سطح وسیعی از گزارشها و تفسیرهای آنها را در برگرفته است.*
*خبرگزاریها و به همین نسبت رسانه‌های گروهی جهان از **آیت‌الله طالقانی** به عنوان محبوبترین رهبر مذهبی ایران، پس از **حضرت آیت‌الله خمینی** نام می‌برند.*
*خبرگزاریها نوشته‌اند علت عزیمت **آیت‌الله طالقانی** از تهران در واقع اعتراض به برخی اقدامات خودسرانه بوده است.*
*خبرگزاریها از **آیت‌الله طالقانی** به عنوان یک مجاهد کبیر نام می‌برند که میان آحاد مردم، مخصوصاً روشنفکران و نوجوانان محبوبیت خاصی دارد ...*
*خبرگزاریها همچنین در دو روز گذشته از راهپیمائیهای مسالمت‌آمیز و همچنین اعلامیه‌های جوامع مختلف و احزاب به پشتیبانی از **آیت‌الله***

طالقانی یاد کرده‌اند و نوشته‌اند که این وضع ممکن است تا بازگشت وی به تهران ادامه داشته باشد.
***دعوت سازمان مجاهدین انقلاب اسلامی به راه‌پیمائی - سازمان مجاهدین انقلاب اسلامی** طی اعلامیه‌ای دعوت به راه‌پیمائی کرد. در این اعلامیه آمده است هدف از این راه‌پیمائی **تأکید بر رهبری امام خمینی و اعلام وفاداری به وی و تجلیل از مبارزات مجاهد بزرگ آیت‌الله طالقانی** می‌باشد."*
(روزنامه اطلاعات- مورخ ۲۸ فروردین ۱۳۵۸- صفحه ۲)

حمایت عظیم از آیت‌الله طالقانی

در جریان رخداد بازداشت **فرزندان آیت‌الله طالقانی**، تقریباً تمام سازمانها، احزاب و گروه‌های بزرگ و کوچکی که در آن زمان بصورت اسمی و یا عملی وجود داشتند، هر یک در جهت زشت شمردن آن عمل، یک یا چند اطلاعیه داده و آن را محکوم نمودند.
صدور اطلاعیه‌های بی‌شمار از سوی گروههای مسلح و قدرتمند آن روزها، از جمله **سازمان مجاهدین خلق ایران**، **چریکهای فدائی خلق ایران**، و **سازمان پیکار در راه آزادی طبقهٔ کارگر**، در حمایت از **آیت‌الله طالقانی** قابل توجه بود.
به ویژه اینکه **سازمان مجاهدین خلق ایران** در اطلاعیه مورخ ۱۳۵۸/۱/۲۶، تمام نیروهای خود را از همان روز بدون قید و شرط، تحت فرماندهی و نظارت عالیه‌ی **آیت‌الله طالقانی** قرار داده بود.
در آن اطلاعیه چنین می‌خوانیم:

*" ... اعلام می‌داریم که از همین امروز، یکشنبه ۵۸/۱/۲۶[۱۳]، نیروها و افراد نظامی خود در سراسر کشور و همچنین **کلیهٔ تجارب** نظامی - انقلابی چهارده سالهٔ **سازمان مجاهدین خلق ایران** را تماماً و بدون هیچ انتظار و چشمداشت متقابل تحت فرماندهی و نظارت عالیهٔ شخص **حضرت آیت‌الله طالقانی** قرار می‌دهیم. **این حکم برای کلیهٔ نیروهای سازمان مجاهدین خلق ایران در سراسر کشور لازم‌الاتباع است.** "*

دلیل بازداشت فرزندان آیت‌الله طالقانی

عضویت مجتبی در یک سازمان مارکسیستی

مجاهدین انقلاب اسلامی در تاریخ ۲۸ فروردین ۱۳۲۸ اطلاعیه‌ای **«درمورد چگونگی بازداشت فرزندان آیت‌الله طالقانی»** منتشر ساخته‌اند که در روز پس از آن در روزنامه‌های وقت درج شده‌است. در این اطلاعیه درباره‌ی دلیل آن بازداشت چنین آمده است:

*" ... پاسداران در صدد بازداشت **مجتبی** که مارکسیست **و تا لحظهٔ تکذیبش در روزنامه عضو یک سازمان مارکسیستی بوده است**، برمی‌آیند و مدعی اتهاماتی به وی می‌شوند که قابل تحقیق و بررسی است. برادر و همسرش داوطلبانه همراه او می‌روند ... "*
(روزنامه اطلاعات- مورخ ۲۹ فروردین ۱۳۵۸- صفحه ۸)

درضمن دو آگهی زیر در ارتباط با اتهام **مجتبی طالقانی** درمورد عضویت در یک **سازمان مارکسیستی** قابل توجه می‌باشند:

*" **مبارزه با نیروهای ضدانقلابی و ارتجاعی – سازمان پیکار در راه آزادی طبقهٔ کارگر** که **مجتبی طالقانی** از اعضای فعال آن است، نامهٔ سرگشادهٔ بلندی به **امام خمینی** نوشته و در آن ضمن تأسف از خبر دستگیری **فرزندان آیت‌الله طالقانی** و ناراحتی ایشان از این بابت، فشارهائی را که برخی از کمیته‌های **امام** بر گروههای سیاسی متفاوت[؟] می‌آورند، محکوم کرده است ... "*
(روزنامه اطلاعات- مورخ ۲۶ فروردین ۱۳۵۸- صفحه ۸)

*" **مجتبی طالقانی وابستگی خود به سازمان پیکار را تکذیب کرد** –
روز گذشته اطلاعیه‌ای از سوی **سیدمجتبی طالقانی** فرزند **حضرت آیت‌الله طالقانی** صادر شد.
سیدمجتبی طالقانی در این اطلاعیه اعلام کرد اینجانب هیچگونه وابستگی تشکیلاتی، به هیچ یک از گروههای موجود ندارم و خبری که در یکی از روزنامه‌ها راجع به وابستگی من چاپ شده بود، صحت ندارد.
همچنین اعلامیهٔ **گروه پیکار** را درمورد خودم تکذیب می‌کنم. "*
(روزنامه کیهان- مورخ ۲۷ فروردین ۱۳۵۸- صفحه ۳)

*" تلویزیون جمهوری اسلامی بیانیه‌ای از قول **سیدمجتبی طالقانی** فرزند **حضرت آیت‌الله طالقانی** به این شرح پخش کرد:
اینجانب در حال حاضر هیچگونه رابطهٔ تشکیلاتی با هیچیک از گروههای حاضر ندارم. "*
(روزنامه اطلاعات- ۲۷ فروردین ۱۳۵۸- صفحه ۲)

تا آن زمان هنوز در جمهوری اسلامی عضویت در **سازمان پیکار** و یا داشتن مرام مارکسیستی جُرم شناخته نشده بود و کسی را به آن اتهام بازداشت نکرده بودند. به این جهت همانطور که در بالا گفته شد، بازداشت **مجتبی طالقانی** به دلیل ارتباط و همکاری با **محمدرضا سعادتی** صورت گرفته بوده‌است.

شکست خمینی و پیروزی طالقانی

حمایتهای همه جانبه و گسترده از **طالقانی** و درخواست بازگشت وی، که هر روز بر دامنه‌ی آن نیزافزوده می‌شده است، **خمینی** را به وحشت دچار ساخته و پسر خود، **سیداحمد**، را، از قم، به جستجوی او به تهران فرستاده است. **سیداحمد** نیز توسط فرزندان و نزدیکان **طالقانی** که از محل اختفای او آگاهی داشته‌اند، با او تماس گرفته و از او درخواست کرده است که برای مذاکره و مصالحه با **خمینی** به قم برود.
در هر حال، **طالقانی** نیز این درخواست و دعوت را پذیرفته و در چهارشنبه شب ۲۹ فروردین ۱۳۵۸، به همراه **سیداحمد**، به قم و به منزل همین شخص رفته و در آنجا به مدتی در حدود یکساعت و نیم با **خمینی** به گفتگو نشسته است.
گویا در این گفتگوها **خمینی** نه‌تنها پیشنهاد **طالقانی** را درمورد تشکیل شوراها، توسط مردم، در تمام نقاط کشور برای اداره‌ی امور مربوط به خود، به ترتیبی که مورد نظر **طالقانی** بوده، مورد قبول قرار داده، بلکه از **طالقانی** درخواست کرده است که خودش سرپرستی انجام این امر مهم را به عهده بگیرد و آن را به نحوی که مصلحت می‌داند به مرحله‌ی اجرا درآورد.
آیت‌الله طالقانی در پی ملاقات مزبور، در ساعت ۵ بعدازظهر جمعه ۳۱ فروردین ۱۳۵۸، در **مدرسه‌ی فیضیه‌ی قم**، سخنرانی کرده است که ما در زیر بخشهایی از آن را، از روزنامه اطلاعات- مورخ یکم اردیبهشت ۱۳۵۸- صفحه ۷، بازگو می‌نماییم:

*" ... چرا امام **خمینی** مورد تأیید مردم است؟ برای اینکه ایشان انگشت روی دردها گذاشت. برای اینکه حرف اول و آخرشان یکی است.* ***این مردم هستند که می‌بایست حاکم باشند و لاغیر. حکومت باید در خط و مشی مردم پیش رود.*** *روحانیت با همهٔ نظارت خود به درد مردم برسد. این پایهٔ محکمی است که به ما استحکام می‌بخشد و راه نفوذ را از همهٔ عوامل می‌بندد.* ***این راهی است که می‌تواند همهٔ مشکلات منطقه‌ای – کُرد، ترک، فارس، و بلوچ را راضی نگهدارد.***
من در کردستان بودم و تعجب کردم که چرا به حرف اینها کسی گوش نمی‌دهد. مردمی دارای خصلتی خاص، مردم خوش‌اخلاق، باغیرت اصیل. ***این مردم را تجزیه‌طلب می‌دانستند.***
اینها اگر تجزیه هم بشوند به کجا بروند؟ اگر هم بگوئید جدا بشوید باز هم به ایران ملحق می‌شوند.
اینها یک حرف داشتند: منطقه و ملیّت خودمان و سرنوشت خودمان دست خود ما باشد. *طاغوتیان نمی‌خواستند که ما به زبان خودمان حرف بزنیم. آنها از ما مالیات می‌گرفتند و شمال تهران را زیبا می‌کردند.*
آیا این حرفها درست نبود؟ ***ما هم به درد دل آنها گوش دادیم و گفتیم: که سرنوشت خودتان دست خودتان و مال خودتان و اکنون هم انتخاباتش به پایان می‌رسد و هر اشکالی هم که پیش بیاید خودشان می‌دانند. این مسئله باید در همه ابعاد مملکت پیاده شود.***

عده‌ای گفتند که کمونیستها نفوذ پیدا می‌کنند، بکنند. وحشتی وجود ندارد. وحشتی که رژیم سابق از کمونیست داشتند الان هم هست. در حالی که کمونیست هیچ چیز نیست.

هر چه توسری بیشتر بخورد و هر چه بیشتر به او فشار بیاید قوی‌تر می‌شود. چون اسلحهٔ مظلومیت از هر سلاحی قوی‌تر است. کمونیست مولود استبداد سیاسی و اجتماعی و دینی است. در هر کشوری که استبداد و محرومیت بود و چهرهٔ دین مسخ شد، کمونیست تشکیل می‌شود. مسئلهٔ کمونیست غیر از مسئلهٔ علمی و یا غیرعلمی ماتریالیسم است.

اگر ما در مقابل کمونیسم بگوئیم که نمی‌توانیم مقابله کنیم درواقع اسلام را ناقص می‌دانیم و یا نشناخته‌ایم.

آیت‌الله طالقانی در پایان گفتند: مسئلهٔ انجمن‌های ولایتی و ایالتی بحمدالله شب گذشته با امام مورد بحث و بررسی قرارگرفت و چاره‌اندیشی شد که مردم باید در سرنوشت خود حاکم باشند.

امام امر فرمودند که: باید تشکیل شود. نه دولت می‌تواند مقابل امر ایشان که امر معتبر و مرجعی است و مردم به مرجعیت قبولش دارند، مخالفت کند، و یا [نه] هر کس دیگر.

مخالفت با رهبری و شخص ایشان مخالفت با دین اسلام است. **گروه‌هائی هم‌اکنون با وزارت کشور موضوع را مورد بررسی قرار می‌دهند و بزودی طرح آن اعلام خواهد شد."**

تهیه‌ی طرح تشکیل شوراهای ایالتی و ولایتی

طالقانی در اجرای توافقی که با **خمینی** به عمل آورده و مأموریتی که در این راستا به عهده گرفته بود، در مدتی کوتاه طرحی تهیه کرده و آن را جهت اجرا به وزارت کشور فرستاده است. اما وزارت کشور (بی‌گمان برمبنای دستور محرمانه‌ی **خمینی**) آن را ندیده گرفته و کوچکترین قدمی در جهت اجرای آن برنداشته است.

گفتار زیر از زبان اعظم **طالقانی**، دختر **طالقانی**، نشان‌دهنده‌ی نظر بالا می‌باشد:

" ... زمانی که برادرم را گرفتند، پدرم از نماز جمعه کناره گرفتند و رفتند. رفتن ایشان باعث مسائل و ناآرامی‌هائی هم شد اما ایشان گفتند که چرا بچه‌ها را ربودید. اگر مشکلی بود مگر دادستانی نداریم؟ حکم می‌آوردید و می‌آمدید منزل جلب می‌کردید. من رفتم تا مسئولین متوجه شوند، چه اتفاقی می‌افتد تا هر کسی به خودش اجازه ندهد، هر طور عمل کند.

وقتی برگشتند که ما رفتیم قم منزل **حاج احمدآقا**، همه نشسته بودیم. امام که آمدند از ایشان [از **طالقانی**] سئوال کردند که: **چطور باید مسائل را حل کرد؟** که مرحوم **طالقانی** گفتند: **باید امور مردم را به خودشان واگذار کنید.**

باید به مردم مسئولیت داد. آنها باید در سرنوشتشان مشارکت داشته باشند.
*که **امام** راه حل خواستند و **مرحوم طالقانی** همان جا موضوع شوراها را مطرح کردند و گفتند: **همین انجمن‌های ایالتی و ولایتی را با ساختار اسلامی آن در قالب شورا در شهر و روستا اجرا کنید.***
*امام هم گفتند: **خودت برو این کار را انجام بده.***
*اما مرحوم **طالقانی** گفتند من پیرم، ضعیفم.*
*اما وقتی که **امام** دوباره خواستند بروند منزل خودشان، زدند روی شانه‌های پدر و گفتند: **برو این کار شوراها را خودت انجام بده** که **پدر** هم دیگر چیزی نگفتند و اطاعت کردند و **نشستند و برنامهٔ این کار را طراحی کردند. البته خیلی هم مُصِر پیگیری کردند.** من یادم هست یک روز **قطب‌زاده** آمده بود پیش پدر، او همان روزها در **شورای انقلاب** هم بود. که پدر سه بار پرسیدند: **چرا این شورا را عملی نمی‌کنید؟ چرا شوراها مسکوت مانده؟ که قطب‌زاده فقط سکوت کرد.** [یعنی نمی‌توانست پاسخ دهد که: **خمینی** دستور داده است!] "*
(خاطرات دختر آیت‌الله طالقانی از روابط پدرش با امام- بازگوشده از اینترنت به آدرس:
(http://khabaronline.ir/news-80505.aspx

انتخاب آیت‌الله طالقانی به عنوان نفر نخست در مجلس بررسی قانون اساسی

انتخابات **مجلس بررسی قانون اساسی** که در آغاز **مجلس خبرگان** نامیده می‌شد، در تاریخ جمعه ۱۱ مرداد ۱۳۵۸ در سرتاسر ایران آغاز گردیده است.
آیت‌الله سیدمحمود طالقانی از مجموع ۲،۵۲۵،۳۸۱ رأی در حوزه‌ی انتخابی تهران با ۲،۰۱۶،۸۵۱ رأی به عنوان نفر نخست انتخاب گردیده و نفرات دوم و سوم، به ترتیب، **ابوالحسن بنی‌صدر** با ۱،۷۶۳،۱۲۶ رأی و **آیت‌الله حسینعلی منتظری** با ۱،۶۷۲،۹۸۰ رأی بوده‌اند.

انصراف طالقانی از ریاست مجلس بررسی قانون اساسی

خبر زیر، بازگوشده از روزنامه اطلاعات، نشان می‌دهد که **آیت‌الله طالقانی** بیش از هر شخص دیگر امکان انتخاب به سمت ریاست مجلس بررسی قانون اساسی را داشته ولی پیش از اخذ نتایج، کاندیدا نبودن خود را اعلام نموده است:

" در حاشیه مجلس بررسی نهائی قانون اساسی -
*... شاخص‌ترین چهرهٔ دیروز در مجلس **آیت‌الله طالقانی** بود که حتی پس از پایان جلسه هم خبرنگاران داخلی و خارجی اطراف او را گرفته*

*بودند ... خبرنگاران خارجی بیشترین مصاحبه و عکس را از **آیت‌الله طالقانی** تهیه کردند ... **آیت‌الله** پیش از تشکیل مجلس رسماً اعلام کرد که نامزد ریاست مجلس خبرگان نیست."*
(روزنامه اطلاعات- مورخ ۲۹ مرداد ۱۳۵۸- صفحه ۳)

آیت‌الله منتظری در خاطرات خود به شرح زیر وانمود کرده است که اعضای مجلس بررسی نهائی قانون اساسی، وی را برای ریاست، بر **آیت‌الله طالقانی** برتری داده‌اند. در حالی که همانطور که در بالا، از روزنامه اطلاعات بازگو شده است، دیدیم که **آیت‌الله طالقانی** پیشتر کاندیدا نبودن خود را برای ریاست اعلام داشته و درخواست کرده بوده است که از رأی دادن به وی خودداری نمایند. اینک متن خاطرات **منتظری**:

*" ... در همان روز اول **صباغیان** آمد پیش من و گفت ما فکرش را کرده‌ایم که آقای **طالقانی** را به عنوان رئیس قرار دهیم و آقای **بنی‌صدر** را به عنوان معاون و جلسات را ایشان اداره کنند. من چیزی به او نگفتم ولی بعداً هنگامی که هیأت رئیسهٔ سنی مشخص شد، در آن جلسه از همه مسن‌تر مرحوم آقای **خادمی** بود.*
برای تعیین رئیس دائم رأی‌گیری به عمل آمد و مرا به عنوان رئیس معین کردند و مرحوم آقای بهشتی را به عنوان نایب رئیس ..."
(خاطرات آیت‌الله حسینعلی منتظری- همان- صفحه ۲۵۲)

چکیده‌ای درباره‌ی پیش‌نویس قانون اساسی

متن پیشنهادی پیش‌نویس قانون اساسی جمهوری اسلامی ایران به صورتی که از سوی آقای **دکتر یدالله سحابی**، وزیر مشاور در طرحهای انقلاب، طی یک مصاحبه‌ی مطبوعاتی اعلام شده بود در روزنامه‌های وقت (ازجمله روزنامه‌های کیهان- مورخ ۲٤ خرداد و اطلاعات- مورخ ۲٦ خرداد ۱۳۵۸) انتشاریافته است.

*" **دکتر سحابی** در پاسخ به این سئوال که آیا متن قانون اساسیِ جدید به تازگی تهیه شده، یا اینکه در گذشته متنی وجود داشته و شما از آن اقتباس کردید، گفت: همانطوری که در مصاحبه‌های گذشته به اطلاع رساندم، مقدمهٔ قانون اساسی وقتی که **امام** در فرانسه بودند، در آن موقع تهیه شده بود. با آمدن ایشان به تهران، این متن هم به تهران رسید و مورد بررسی از طرف عده‌ای از حقوق‌دانان قرار گرفت و حتی بعضی از مراجع و مقامات روحانیت هم دربارهٔ آن اظهارنظرهائی کردند و این متن در اختیار شورای طرحهای انقلاب برای بررسی بیشتر و احیاناً تطبیق با موارد شبیه قرار گرفت و روی این متن بود که طی دو ماه و نیم مطالعه و سپس بررسی شورای انقلاب هم انجام شد و به این صورتی که امروز آمادهٔ توزیع و انتشار [است،] شد."*
(کیهان- مورخ ۲٦ مرداد ۱۳۵۸- صفحه ٤)

به موجب سخنان آقای **دکتر یدالله سحابی** در همان مصاحبه‌ی مطبوعاتی، مردم ایران از همان تاریخ تا مدت سی روز فرصت داشته‌اند که نظرات خود را درباره‌ی آن قانون به **شورای طرحهای انقلاب،** که زیر نظر خود ایشان بوده است، ارسال نمایند و این شورا هم وظیفه داشته است که در همان مدت سی روز نظرات مزبور را بررسی، طبقه‌بندی و بر حسب مواد مندرج در پیش‌نویس پیشنهادی، مرتب کند و برای طرح در **مجلس بررسی نهائی قانون اساسی** آماده نماید.

افزون بر آن، قرار بوده است که دولت نیز در همان مدت انتخابات **مجلس بررسی نهائی قانون اساسی** را به انجام برساند. در این انتخابات برای هر پانصدهزار نفر جمعیت یک نماینده در نظر گرفته شده بوده است.

مجلس بررسی نهائی قانون اساسی نیز قرار بوده است که در مدتی حدود یک ماه، تمام نظرات و پیشنهادات واصله را بررسی کند و متن نهایی قانون اساسی را تدوین کند و این قانون در سومین ماه پس از انتشار پیش‌نویس پیشنهادی به صورت ابراز نظر «آری» یا «**نه**» به رفراندوم عمومی گذاشته شود.

آیت‌الله منتظری در خاطرات خود درمورد پیش‌نویس قانون اساسی چنین گفته است:

*" ... ظاهراً آقای **دکتر حسن حبیبی** در همان زمان که در پاریس بودند به دستور **امام** یک پیش‌نویس قانون اساسی نوشته بودند و بنا بود این پیش‌نویس را خبرگان منتخب مردم مورد بحث و بررسی قرار دهند ... "*

(خاطرات آیت‌الله حسینعلی منتظری- ناشر شرکت کتاب لوس‌آنجلس- کالیفرنیا- صفحه ۲۵۲)

اصل ولایت فقیه در قانون اساسی، بستن افسار یک کاروان شتر به دُم یک خر

در پیش‌نویس قانون اساسی، به ترتیبی که پیشنهاد شده بود، نه‌تنها کوچکترین اشاره‌ای به ولایت فقیه وجود نداشته، بلکه در اصل ۳ آن نیز تشکیل شوراهای مورد نظر **آیت‌الله طالقانی** به شرح زیر، پیش‌بینی شده بوده است:

*" اصل ۳ – آراء عمومی مبنای حکومت است و بر طبق دستور قرآن که : «**وَشاوِرهُم فِی‌الاَمر**» و «**اَمرَهُم شُوری بَینَهُم**» امور کشور باید از طریق شوراهای منتخب مردم، در حدود صلاحیّت آنان و به ترتیبی که در این قانون و قوانین ناشی از آن مشخص می‌شود حل و فصل گردد. "*

اما در همان نخستین روزهای شروع به کار مجلس بررسی قانون اساسی، **آیت‌الله طالقانی** دریافته‌است که **آیت‌الله خمینی** به چیزی جز قدرت مطلقه و بی‌رقیب در کشور رضایت نخواهد داد و به هیچ قیمتی حاضر به کوچکترین گذشتی در این

مورد نمی‌باشد. به عبارت دیگر، گنجاندن اصل بالا در پیش‌نویس قانون اساسی نیز یک نوع نیرنگ اسلامی برای فریب دادن وی و سایر مردم بوده است.

در این شرایط **آیت‌الله منتظری** که خود را بطور مسلم جانشین **خمینی** و ولی فقیه آتی می‌دانسته، به دستور **خمینی** اصل جدیدی در این مورد نوشته و با جلب پشتیبانی **دکتر محمدحسین بهشتی**، رئیس مجلس بررسی قانون اساسی (که او هم درست مانند **منتظری** ادعای جانشینی **خمینی** و رسیدن به ولایت فقیه را داشته) در دستور کار آن مجلس قرار داده است.

در خاطرات **آیت‌الله منتظری** در این رابطه چنین می‌خوانیم:

*" ... من قبل از تشکیل مجلس خبرگان و رفتن به تهران، پیش‌نویس قانون اساسی را که آقای **دکتر حبیبی** تنظیم کرده بودند، در قم مطالعه کردم و به عنوان مناقشه کتابچه‌ای را به عنوان مجموعهٔ دو پیام، در تاریخ ۱۳۵۸/۴/۱ چاپ و منتشر کردم و در آن جزوه مسئلهٔ **ولایت فقیه** و ادلهٔ آن و ضرورت آوردن آن را در قانون اساسی متذکر شدم و **این امر صددرصد محصول مطالعات و نظر خود من بود، منتها در مجلس خبرگان مرحوم آیت‌الله بهشتی و بعضی دیگر با من هم‌آهنگ شدند** ... یادم هست یک روز که ما می‌خواستیم برای همین اصل استدلال کنیم، **مرحوم آقای طالقانی مخالف بودند و گفتند آقای شریعتمداری هم مخالف است.** من گفتم آقای **شریعتمداری** موافق است برای اینکه من خودم یک نوشته از آقای **شریعتمداری** در یکی از مجله‌هائی که در قم منتشر می‌شد- گویا **مجلهٔ الهادی** بود- دیدم که آنجا آقای **شریعتمداری** گفته بودند ما دستوراتی در اسلام داریم که خطالب به همه است ... این سنخ از دستورات خطاب به جامعه است و هر یک از افراد که نمی‌توانند آن را اجراء کنند پس باید یک کسی که در رأس جامعه است آنها را اجراء کند و آن کسی که در رأس جامعه است باید به مسائل اسلام آگاه باشد تا مجری این سنخ از دستورات اسلام باشد و آن عبارت است از **فقیه** ... **من و مرحوم دکتر بهشتی** در مجلس خبرگان استدلال می‌کردیم که: مثلاً در شوروی که می‌خواهند حکومتی را اداره کنند، چون می‌خواهند مرام کمونیستی را پیاده کنند کسی را که ایدئولوگ باشد و در مسائل کمونیستی وارد باشد او را برای حکومت انتخاب می‌کنند و در رأس قرار می‌دهند تا او با آگاهی آن مرام را پیاده کند.*

ما در مسائل اسلامی همین حرف را می‌زنیم که وی (منتخب) نه تنها باید در مسائل اسلامی وارد باشد [بلکه] در این زمینه اعلم از دیگران باشد و آن کس که اعلم به مسائل اسلام است در واقع سه وظیفه دارد. یکی ادارهٔ شئون مسلمین بر اساس موازین اسلامی، یکی هم مرجعیت تقلید و یکی هم ولایت قضاء روی این جهت هم باید أعلَم باشد هم أتقی هم آگاه به مسائل جامعه ... "

(خاطرات حسینعلی منتظری- همان- صفحات ۲۵۴/۲۵۵)

آری، **حسینعلی منتظری** که برادر دامادش، به نام **سیدمهدی هاشمی**، رهبری یک گروه تروریستی را، در رژیم گذشته و تا اوایل انقلاب، به عهده داشته و چند

نفر را به قتل رسانده بوده است و پسرش، به نام **محمد**، مشهور به **ممد رینگو**، در تاریخ ۱۰ تیرماه ۱۳۵۸، متجاوز از ۷۰ چمدان پر از جواهرات و سایر اشیاء عتیقه و قیمتی را که از منازل ثروتمندان فراری و مصادره شده دزدیده بود، در فرودگاه مهرآباد در یک هواپیما قرار داد و به زور افراد مسلح، همراه با چند نفر از همان افراد به لیبی پرواز کرد، موفق شده است اصل مربوط به ولایت فقیه را با همین استدلال بسیار احمقانه به تصویب برساند و خود نیز به عنوان قائم‌مقام رهبر تعیین گردد.

اینک با پوزش فراوان از تمام هم‌میهنان گرامی و با استفاده از این گفتار که «**در مثل مناقشه نیست**»، به درج یک داستان تمثیلی و دو داستان واقعی درباره‌ی این بدبختی که با تصویب اصل ولایت فقیه بر سر ملت ایران آمده است، مبادرت می‌نماید:

الف - تمثیل (افسانه‌ای اخلاقی!):

گویا شترداران که در گذشته به حمل‌ونقل کالا یا مسافر اشتغال داشته‌اند، در مسافرتهای خود برای اطمینان از اینکه شترها از مسیر مورد نظر منحرف نشوند و یا اینکه خدای ناکرده هوای سرکشی و فرار به سر برخی از آنها نزند، خری را پیش‌قراول شتران قرار می‌داده و افسار نخستین شتر را به دُم آن خر می‌بسته‌اند.

حال در ارتباط با این روش می‌گویند مردی روستایی و نیکوکار که دارای یک شتر و یک الاغ بوده، به حمل کالا و محصولات کشاورزی بین شهر و روستای خود اشتغال داشته است.

وی کالاهایی را که می‌بایست حمل نماید بر پشت شتر می‌نهاده و افسار شتر را طبق معمول بر دُم الاغ می‌بسته و خود بر پشت الاغ می‌نشسته و با این ترتیب بین شهر و روستا رفت و آمد می‌نموده‌است.

این شخص نیکوکار مریض می‌شود و در بستر بیماری می‌افتد و حس می‌کند که مرگش نزدیک شده است، به این جهت تصمیم می‌گیرد که تمام حسابهای دنیوی خود را با تمام کسانی که با آنان سر و کار داشته است تسویه نماید و از همه‌ی آنان به اصطلاح طلب بخشش کند و همین کار را هم انجام می‌دهد.

همینکه وی از این کار فراغت یافته و خیالش از هر حیث راحت شده است، نفس راحتی کشیده و برای آمدن عزرائیل آماده گردیده است. اما ناگهان به یاد شترش افتاده و دستور داده است که آن را نیز به نزدش بیاورند و سپس به شترش چنین گفته است:

" اگر من تاکنون بیش از اندازه به تو زحمت داده‌ام و زیاد از تو بار کشیده‌ام، از تو معذرت می‌خواهم و امیدوارم که مرا عفو نمائی!! "

ولی شتر به قدرت خدا! به سخن آمده و در پاسخ گفته است:

" ای صاحب من! خداوند متعال مرا برای بارکشی آفریده و وظیفه‌ی من بارکشی بوده‌است، به اینجهت از هرچه که برایت بارکشی کرده‌ام کوچکترین ناراحتی از تو در دلم وجود ندارد. اما کاری بر سر من آورده‌ای که هرگز نمی‌توانم تو را ببخشم و آن اینکه در هنگام آمد و رفت بین شهر و روستا افسار مرا که شتر هستم بر دُم خر می‌بستی و خر را رهبر من قرار می‌دادی!! "

بی‌گمان آن عده از پیشوایان غرب که در تقویت **خمینی** و ایجاد انقلاب اسلامی شرکت داشتند، افرادی شریف و محترم بوده‌اند و کوشش آنان در دو سال آخر سلطنت **شاه** سابق، جهت تغییر رژیم در ایران نیز به منظور خدمت به کشور خودشان بوده است و از این حیث شاید نه‌تنها نتوان آنان را سرزنش کرد، بلکه دست کم از نظر ملتهای خودشان قابل تقدیر هم می‌باشند.

اما اگر با این انقلاب شوم حتی بهشت موعود در کشور ایران پیاده شده و حداکثر رفاه و آسایش هم برای مردم کشور مهیا گردیده بود، باز هم این مردم نمی‌توانستند پیشوایان مذکور را ببخشند زیرا جمعی نادان و خونخوار، از قبیل **خمینی** و **خامنه‌ای** را بر مردم این کشور مسلط ساخته‌اند.

هرچند حکومت و تسلط احمقها بر مردم از موارد نقض حقوق بشر محسوب نمی‌گردد و ناراحتی حاصل از آن برای انسانهای خارج از این کشور قابل فهم و درک نیست، ولی ناراحتی حاصل از زندگی در این کشور واقعیتی است که جز برای احمقها و شماری خ... که به **حزب‌اللهی‌ها** یا **انصار** آنان شهرت دارند و جمعی ریاکار که برای شغل و مقام و یا ثروت‌اندوزی خود را بر این رژیم بسته‌اند، قابل تحمل نمی‌باشد.

در زیر، فقط دو نمونه، از این احمقهای حاکم بر ایران را معرفی می‌نماید و به خوانندگان گرامی اطمینان می‌دهد که بیشتر آخوندان حاکم بر ایران از همین قماش می‌باشند:

(۱)- آقای اسماعیل فردوسی‌پور

این شخص از رجال جمهوری اسلامی به شمار می‌رود، و در دوره‌ی نخست مجلس شورای اسلامی نماینده‌ی **فردوس** بوده است. وی با سخنرانی‌هایی که در آن دوره‌ی مجلس به عمل آورد، به شهرت بیش از اندازه‌ای از نظر حماقت دست یافت و قسمتهایی از هر سخنرانی وی مانند ورق زر در سرتاسر کشور دست به دست می‌گردید.

در زیر جملاتی را از بیانات پیش از دستور آن **حضرت!** که در هفتادوهشتمین جلسه‌ی علنی روز یکشنبه شانزدهم آذرماه ۱۳۵۹ ایراد کرده است، از شماره ۱۱٦٤۷ **روزنامه رسمی جمهوری ایران (مشروح مذاکرات مجلس شورای اسلامی)** بازگو می‌نماید تا خوانندگان گرامی خود درمورد عظمت! شعور این شخص داوری بفرمایند:

" ... ما از جنگ نمی‌ترسیم زیرا در دوران جنگ است که استعدادها شکفته می‌شود و مخترعان و مبتکران بروز می‌کنند ... خبر دادند که در نزدیکی اصفهان در یکی از دهات یک سید طلبه یک دستگاهی را اختراع کرده است که بدون سوخت این دستگاه کار می‌کند و تولید برق می‌کند. این استعدادها حالا شکفته می‌شود. یا در شیراز وسائلی که اختراع می‌کنند. من در اینجا از دولت می‌خواهم امکانات در اختیار این استعدادها و نیروها بگذارند.
همان سید در یک خانه‌ی گِلی زندگی می‌کند که وقتی دستگاهش را آزمایش می‌کند آن دستگاه پرواز می‌کند و دیوار خانه‌اش را خراب می‌کند و حدود هزار متر به زمین می‌نشیند و رمز هلیکوپتر و طیاره را هم به این وسیله او کشف می‌کند و می‌فهمد[!]. اما وسائل زندگی ندارد. دیوار خانه‌اش خراب شده است کسی نیست برایش بسازد ... باید کویرهای طبس، که هنوز به عنوان فرودگاه، آمریکا از آنجا استفاده می‌کند، کویرهای ۱۲ کیلومتر در ۲۰ کیلومتر وجود دارد [! کاش از این شخص می‌پرسیدند که به نظر او طول و عرض دنیا!؟ چند کیلومتر در چند کیلومتر است و آیا به صد کیلومتر در صد کیلومتر می‌رسد؟!] و هر آن احتمال اینکه به عنوان فرودگاه از آن جاها استفاده شود هست.
بنابراین دولت باید این کویرها را شیار کند و درختکاری کند و به وسیله‌ی هواپیماها و هلیکوپترهای بذرپاش باید این کویرها بذرپاشی شود و به صورت جنگل درآید ... "

بطوری که خوانندگان گرامی می‌دانند، به موجب اصل یکصدوهفتادوسوم قانون اساسی جمهوری اسلامی:

" به منظور رسیدگی به شکایات، تظلمات و اعتراضات مردم نسبت به مأمورین یا واحدها یا آئین‌نامه‌های دولتی و احقاق حقوق آنها، دیوانی به نام دیوان عدالت اداری زیر نظر رئیس قوهٔ قضائیه تأسیس می‌گردد. "

و چون آقای **اسماعیل فردوسی‌پور** در دوران وکالت مجلس شورای اسلامی ثابت کرده بود که از نظر هوش و ذکاوت و اطلاعات و معلومات عمومی از سایر معاشران و همکاران خود بالاتر می‌باشد، بنابراین پس از آن دوران به ریاست **دیوان عدالت اداری** انتخاب گردیده است! تعجبی هم ندارد زیرا گفته‌اند: **خرس در کوه بوعلی سیناست!**

(۲)- حضرت آیت‌الله حائری‌شیرازی، امام جمعه‌ی شیراز

پیشتر مطالب احمقانه‌ی فراوانی از زبان ائمه‌ی جماعت و جمعه شنیده بودیم که چون بدون مدرک بودند، پس آنها را جوک تلقی می‌کردیم و تنها از شنیدنشان می‌خندیدیم و دل خود را تا اندازه‌ای خنک می‌نمودیم.

در اواسط سال ۱۳۷۵ش. هم به همان ترتیب شنیدیم که مجتهد جامع‌الشرایط، نماینده‌ی ولی فقیه و امام جمعه‌ی شیراز، **حضرت آیت‌الله! حائری شیرازی**، در یکی از خطبه‌های نماز جمعه خطاب به نمازگزاران حزب‌اللهی و متعهد آن شهر مطلبی به این مضمون فرموده‌اند:

" ... طبق اصول و آیات قرآنی تماشای دختران و زنان در حالی که قسمتهائی از اندام و اعضای بدن آنان بدون حجاب و لخت باشد برای سایر زنان حرام نشده است و به همین جهت هم‌اکنون زنان در ورزشگاهها و استخرهای بدون مشرف یا سرپوشیده و سالنهای ورزشی با شلوار کوتاه و لباس شنا در کنار هم و در برابر یکدیگر به فعالیت مشغولند و تماشای آنان در هر لباسی که باشند برای سایر زنان اشکال شرعی ندارد.

*به اینجهت من پیشنهاد می‌کنم، همانطور که دولت یک کانال تلویزیونی جداگانه برای ورزش‌دوستان به کار انداخته است، دو کانال تلویزیونی جدا از هم نیز تأسیس نماید که **یکی مخصوص زنان و برای نمایش دادن و پخش فعالیتها و ورزشهای زنان و دختران باشد، بطوری که فقط دختران و زنان بتوانند آن را تماشا کنند** و دیگری مخصوص نمایش دادن فعالیتهای مردان باشد و فقط برای تماشای مردان اختصاص داده شود. **با این ترتیب پخش تصاویر زنان بی‌حجاب و حتی نیمه‌عریان به همان ترتیبی که در ورزشگاهها و استخرها در کنار هم هستند از کانال تلویزیونی مخصوص خودشان بلااشکال خواهد بود** ..."*

همانطور که گفته شد، این پیشنهاد به‌قدری احمقانه بود که اینجانب در ابتدا آن را جوک تلقی کردم. ولی چون متن کم و بیش کامل این سخنان را از افراد بی‌شمار شنیدم، کم‌کم متوجه شدم که خیر این بار این مطلب حقیقت دارد. اما سند کتبی درمورد آن پیدا نکرده بودم.

بعدها شنیدم که چون این خطبه سروصدای زیادی برپاکرده و آبروریزی فراوانی به بار آورده‌است، پس **حضرت آیت‌الله** بنا به پیشنهاد معاشران و مشاوران خود و بی‌گمان مقامات بالاتر، تصمیم گرفته‌اند که مصاحبه‌هایی با روزنامه‌ها ترتیب داده و خطبه‌ی مزبور را توجیه نمایند و راه توجیه را نیز به او آموخته‌اند و **حضرت آیت‌الله** نیز به همین ترتیب اقدام فرموده و ازجمله با روزنامه **ایران** درمورد آن خطبه مصاحبه فرموده‌اند.

بدبختانه اینجانب روزنامه **ایران** را هم ندیده‌ام، اما مجله‌ی **امیدجوان**، شماره بیست وپنجم مورخ یکشنبه ۲۷ آبان ۱۳۷۵ به دستم رسید که در صفحه ۱۱ خود متن مصاحبه با **حضرت آیت‌الله حائری‌شیرازی** را، بازگوشده از روزنامه **ایران**، به چاپ رسانده بود.

باید توجه داشت که پاسخهای **حضرت آیت‌الله** درحقیقت دلایلی است که جناب ایشان پس از مدتها مطالعه و مذاکره با سایر پیشوایان دینی و اولیاء امور، به منظور توجیه سخنان و فرمایشات گهربار نخستین خودشان بیان فرموده‌اند.

اینک متن کامل دو پرسش در رابطه با پیشنهاد مورد بحث و پاسخهایی که به آنها داده شده است:

" *[پرسش]- چندی پیش نقل قولهائی از جنابعالی پیرامون کانال تلویزیونی ویژهٔ زنان و مسائل دختران و پسران شنیدم، نظر خودتان در این خصوص چیست؟*
آیت‌الله حائری: *بحثی درمورد کانال تلویزیونی و پیوند دوستی داشتیم. درمورد کانال تلویزیونی بحثی در خطبه‌ها در این مورد که حضور زنان در جامعه موجب فساد نیست. اختلاط زن و مرد موجب خطاست. مطرح کرده. زن یا مرد در پارک باشند مسئله‌ای ندارد اما مختلط باشند ایراد دارد [؟!].*
*بعد گفتم ما جائی مقدس‌تر از حرم **امام رضا (ع)** نداریم. در آنجا یک در برای زنان، یک در برای مردان و یک در هم برای ورود و خروج گذاشته‌اند.*
حالا اینها را بردارند و آن دیواره‌ای را که داخل حرم بین زن و مرد قرار دارد را نیز بردارند (نتیجه آن می‌شود) همان جائی که مردم برای پاک شدن می‌روند، همانجا درصورت مختلط بودن در کنار ضریح دچار گناه می‌شوند. بحث این بود که اختلاط در حساس‌ترین نقاط گناه است. یعنی وقتی اتوبوس مختلط شد و زن و مرد به هم ریختند گناه است. مغازه‌ای که لباس زیر زنانه می‌فروشد و فروشنده‌اش مرد است و خریدارش زن، گناه است[!] اینها را جائی قرار دهید که فروشنده‌اش نیز زن باشد و زن و مرد قاطی نشوند. در پارکها نیز بخشی را خانوادگی کنید تا آن جوانی که می‌خواهد پرسه بزند مزاحم خانواده‌ها نشود. در دانشگاهها کلاسها برای زنان و مردان جدا باشد و اگر بتوان دانشگاه زنان و مردان، بیمارستان زنان و مردان را از هم جدا کرد بسیاری از فسادها کم می‌شود.
[پرسش]- درمورد ایجاد شبکهٔ تلویزیونی بانوان نیز توضیح بفرمائید.
آیت‌الله حائری: *آیا سفرهٔ زن و مردها را مختلط بیاندازید بهتر است یا جدا از هم باشند؟ زنان مسائل خاص خود را دارند. آیا اگر زنان بنشینند کشتی‌گیران و شناگران مرد را با لباسهای خاصشان تماشا کنند برای ما مردها و یا خود زنها احترام‌آمیز است؟ **بعد گفتم که اگر کانال اینها از هم جدا باشد بهتر است و بعد به مردها بگویند از این کانال استفاده نکنید[؟!]*** ..."

حال ای خواننده‌ی گرامی، آیا نباید از کسانی که در **رژیم سابق** مسئولیت اداره‌ی امور کشور را به عهده داشتند، بازخواست نمود و از ایشان پرسید که با وجود این همه «خ...» در ایران، چرا آنهمه «خ...» از قبرس وارد کردند؟

کناره‌گیری طالقانی از شورای انقلاب،
چندی پیش از مرگ

روزنامه اطلاعات مورخ ۱۸ مهرماه ۱۳۵۸، در نخستین صفحه خود تیتر زده است که:

*" دو تن از اعضای شورای دفتر آیت‌الله **طالقانی** در یک مصاحبهٔ مطبوعاتی اعلام کردند: آیت‌الله **طالقانی** از شورای انقلاب کناره‌گیری کرده بود. آیت‌الله **طالقانی** این موضوع را باصراحت درمجلس خبرگان و خطاب به یکی ازنمایندگان مجلس گفته‌بود."*

متن خبر بالا با این جملات آغاز شده است:

*" آقایان **حاج‌شانه‌چی** و **مهندس اسماعیل‌زاده** از مسئولان دفتر آیت‌الله **طالقانی** طی مصاحبه‌ای با خبرنگاران جرائد داخلی، اطلاعاتی دربارهٔ آخرین ساعات زندگی آیت‌الله **طالقانی**، روابط ایشان با شورای انقلاب و مجلس خبرگان و همچنین دیدگاههای آیت‌الله **طالقانی** دربارهٔ شوراها و ولایت فقیه در اختیار خبرنگاران گذاشتند."*

ضمن اطلاعات داده شده، از زبان **اسماعیل‌زاده**، چنین می‌خوانیم:

*" اینکه می‌گویند آیت‌الله **طالقانی** به خاطر کسالت و بیماری در جلسات شورای انقلاب شرکت نمی‌کرد، درست نیست.*
برای اینکه ایشان مدام روزانه ۱۴ الی ۱۵ ساعت کار می‌کرد. در مسائل سیاسی مملکتی همفکری می‌نمود و شبی نبود که ایشان زودتر از ساعت ۱۲ به بستر برود و حتی ما در طول یک ماه به‌زور ایشان را برای استراحت از شهر بیرون می‌بردیم ...
***مهندس اسماعیل‌زاده** که تا یک ساعت قبل از فوت آیت‌الله **طالقانی** به اتفاق **شانه‌چی** عضو دیگر این دفتر در خدمت ایشان بودند ... "*

قدرت‌نمایی طالقانی
در مقابل طرفداران ولایت فقیه

در این زمان آیت‌الله **طالقانی** در صدد برآمده است که در مقابل **خمینی** و سایر طرفداران ولایت فقیه به صف‌آرایی بپردازد و قدرت خود را به آنان نشان دهد. وی بدون اینکه بطور آشکارا کوچکترین تظاهری به مخالفت با **خمینی** و یا درخصوص منظور خود بنماید، اعلام کرده است که نماز جمعه (۱۶ شهریور ۱۳۵۸) را در **بهشت‌زهرا** در کنار آرامگاه شهدای انقلاب برگزار خواهد کرد.

خبر برگزاری این نماز را همراه با چند سطری از سخنرانی **آیت‌الله طالقانی** در زیر آورده‌ایم:

" آیت‌الله طالقانی مجدداً خواستار تشکیل شوراها شد:
*نماز جمعهٔ [۱۶ شهریور ۱۳۵۸ – سه روز پیش از مرگ] این هفته باشکوه فراوان و با شرکت حدود **دومیلیون نفر** به امامت **حضرت آیت‌الله طالقانی در بهشت‌زهرا و در جوار شهدای انقلاب اسلامی برگزار شد.***
*در مراسم این نماز شکوهمند، پس از اجرای چند سرود و سخنان **حجت‌الاسلام شبستری**، نماز جمعه به امامت **آیت‌الله طالقانی** برگزار شد.*
*... **آیت‌الله طالقانی** در خطبهٔ دوم خود ضمن قرائت آیاتی از قرآن گفت:*
... صدها بار من گفتم که مسئلهٔ شورا از اساسی‌ترین مسئلهٔ اسلامی است. حتی پیامبرش با آن شخصیت می‌گوید با این مردم مشورت کن، به اینها شخصیت بده، بدانند که مسئولیت دارند، متکی به شخص رهبر نباشند. ولی نکردند و می‌دانم چرا نکردند.
*هنوز در مجلس خبرگان در این اصل اساسی قرآن بحث می‌کنند که به چه صورت پیاده شود. این اصل اسلامی است یعنی همهٔ مردم از خانه و زندگی و واحدها باید با هم مشورت کنند در کارشان. **علی فرمود: هر کس در کارهای خودش استبداد کند هلاک می‌شود ...***
***همانطوری که جلوی توپ و تانک رفتید. این مسئولیت‌ها را دارید شما.** این به عهدهٔ شماست. شاید بعضی از دوستان ما بگویند: آقا شما چرا این مسائل را میان تودهٔ مردم مطرح می‌کنید؟ بیائید در جمع. در مجلس خبرگان. می‌گویم بین موکلین شما مطرح می‌کنم.*
اینها هستند ما را وکیل کردند. می‌دانند برای چه وکیل کردند ما موظف [هستیم] و مسئولیت نسبت به اینها داریم ..."
(روزنامه اطلاعات- یکشنبه ۱۸ شهریورماه ۱۳۵۸- صفحه ۱۰)

بطوری که ملاحظه می‌شود، **آیت‌الله طالقانی** آشکارا مردم را به مبارزه فراخوانده و از آنان خواسته‌است تا همانطور که در مقابل تانک و توپ ایستادگی کردند؟!، جهت درخواست شوراها نیز به مبارزه برخیزند.

پیروزی بزرگ طالقانی، رد شدن اصل ولایت فقیه در مجلس بررسی قانون اساسی

در نخستین جلسه‌ی **مجلس بررسی قانون اساسی**، در روز یکشنبه ۱۸ شهریور ۱۳۵۸، یعنی دو روز پس از نماز جمعه‌ای که توسط **آیت‌الله طالقانی** در بهشت‌زهرا برگزار گردید، **بیشتر نمایندگان به اصل ولایت فقیه رأی مخالف داده و آن را رد نموده‌اند.**
خبر مربوط به این رخداد را از زبان خبرنگار روزنامه اطلاعات که خود در آن جلسه حضور داشته است، می‌خوانیم:

" آیت‌الله طالقانی دیشب در مجلس چه گفت و چه رائی داد؟
*آنچه در زیر می‌آید گزارش **اسماعیل جمشیدی** یکی از خبرنگاران ما می‌باشد که او دیروز در مجلس خبرگان [بررسی قانون اساسی] حضور داشته و با مجاهد کبیر **آیت‌الله طالقانی** گفتگو کرده است:*

*مجلس ساعت چهار و نیم کارش را شروع کرد. اما **آیت‌الله طالقانی** تقریباً نیمساعت بعد از شروع کار مجلس از راه رسید و به گفتهٔ خبرنگار پارلمانی ما که هر روز در این مجلس حضور دارد، سر جای خود ننشست. در واقع اولین مبل خالی سر راه خود را که دید نشست. بلافاصله لیوانی آب خواست و با گروهی از نمایندگان با حرکت سر حال و احوال کرد و من که با دقت و کنجکاوی متوجه بودم دیدم یکی دو بار از تالار خارج شد و بعد از دقایقی چند برگشت و سر جای خود نشست.*
برای اصول چهار و پنج قانون اساسی رأی‌گیری شد، برای مادهٔ چهار متوجه نشدم ولی درمورد مادهٔ پنج دیدم که پس از مدتی جستجو در کشوی میز یک کارت (به عبارتی کارت کبود – مخالف) در گلدان رأی انداخت.
جلسه حدود ساعت ۸ بعدازظهر تمام شد. من با عجله از لژ روزنامه‌نگاران پایین آمدم و جلوی در خروجی ایستادم ... اتومبیلش را خواست، راننده گفت که چند دقیقه‌ای دیگر حاضر می‌شود. راهش را برگرداند و به طرف مبلی که توی راهرو گذاشته بودند رفت و روی مبل نشست و در مدتی کوتاه دورش را گرفتند.
***آیت‌الله** قوطی سیگارش را بیرون آورد سیگاری روشن کرد، استکان چای آوردند آن را نوشید ...*
و بعد از جایش بلند شد، راه افتاد، به طرف در خروجی، من در یک فرصت کوتاه به او نزدیک شدم و گفتم:
***آیت‌الله! شما به اصل پنج رأی کبود (کارت سبز) دادید، در حالی که دربارهٔ این اصل هیچ نظری ندادید.** هیچ صحبتی نکردید. آیا درمورد چهار اصل دیگر هم رأی شما چنین بوده؟*
*از پشت عینک نگاهی به من انداخت: **شما مگر فضولید!؟***
گفتم: خبرنگارم، می‌خواهم بدانم شما چرا نظر اصلاحی ندادید؟
جوابم را نداد و با یک لبخند از در شیشه‌ای خارج شد و دیدم که پاسدارها دوره‌اش کردند و کسی سعی می‌کرد که از لای جمعیت برود و دستش را ببوسد. بالاخره موفق شد. "
(روزنامه اطلاعات-۱۹ شهریور ۱۳۵۸- صفحه ٤- ستونهای ۱ و ۲)

این رخداد، یعنی دادن رأی کبود توسط **آیت‌الله طالقانی** به اصل پنجم قانون اساسی، یعنی **اصل ولایت فقیه**، در بعدازظهر روز یکشنبه ۱۸ شهریور ۱۳۵۸ واقع شده و بطوری که در زیر ذکر خواهد شد، در پی آن بیشتر نمایندگان به پیروی از **طالقانی** به اصل مزبور رأی مخالف داده و آن را رد کرده‌اند.

متن اصل ۵ مربوط به ولایت فقیه
که با حضور طالقانی رد شد

" اصل ۵ – در عصر غیبت، ولایت امر و امامت امت بر عهدهٔ برترین اسلام‌شناس فقیه عادل است که اکثریت مردم او را به رهبری پذیرفته باشند."

(اطلاعات- مورخ ۱۲ شهریور ۱۳۵۸- صفحه نخست)

خبر مربوط به جلسه‌ی مورخ ۱۸ شهریور ۱۳۵۸ مجلس بررسی قانون اساسی، که در آن اصل مربوط به ولایت فقیه رد شده بود، دو روز پس از مرگ **طالقانی**، به شرح زیر در روزنامه‌ها منتشر شده است:

" اصول ۳ و ۴ و ۶ قانون اساسی تصویب شد.
*در جلسهٔ عمومی عصر روز یکشنبه گذشته مجلس بررسان نهائی قانون اساسی که به ریاست آیت‌الله **بهشتی**، تشکیل شد، اصول ۳ و ۴ و ۶ به تصویب رسید ...*
***اصل پنجم با توجه به اینکه چاپ و تکثیر نشده است و نیز با تغییراتی که در اصول اول تا چهارم داده شد، تغییر می‌کند و بررسی آن به جلسهٔ امروز موکول شد** ... در پایان جلسه آیت‌الله **منتظری** و آیت‌الله **بهشتی** دربارهٔ اساسی بودن مسئلهٔ شوراها صحبت کردند.*
***در این جلسه فقید سعید آیت‌الله طالقانی نیز تا آخر جلسه حضور داشت** ..."*

(روزنامه اطلاعات- مورخ چهارشنبه ۲۱ شهریور ۱۳۵۸- صفحه ۱۰)

لزوم نابودی فوری و غیرقابل تأخیر طالقانی

۱ – کوچکترین تردیدی وجود ندارد که در آن زمان مهمترین خواست مورد علاقه‌ی **خمینی** این بوده است که مجلس بررسی قانون اساسی اصل مردود **ولایت فقیه** را بار دیگر مطرح سازد و آن را مورد تصویب قرار دهد.

۲ – **دکتر بهشتی** و آیت‌الله **منتظری** نیز که هر یک خود را جانشین **خمینی** و ولی فقیه آتی می‌دانسته‌اند، به همان اندازه‌ی **خمینی** درمورد طرح مجدد و تصویب اصل مردود علاقه داشته‌اند.

۳ – **آیت‌الله منتظری** در خاطرات خود درمورد طرح مجدد اصول مردود قانون اساسی چنین گفته‌است که :

" ... در آئین‌نامهٔ مجلس یک ماده داشتیم که اگر هیئت رئیسه یک چیزی را لازم دیدند می‌توانند [یک اصل رد شده‌ی قانون اساسی را] با تغییر متن سابق در مجلس مطرح کنند ..."

(خاطرات آیت‌الله حسینعلی منتظری- همان- صفحات ۲۵۲/۲۵۳)

٤ – البته طرح مجدد و تصویب اصل مردود ولایت فقیه با تغییراتی، در جلسه‌ی آتی مجلس خبرگان، امکان‌پذیر بوده ولی در صورت زنده بودن **آیت‌الله طالقانی** و حضورش در مجلس، تصویب آن بسیار بعید به نظر می‌رسیده است.

مرگ آیت‌الله طالقانی و مطالبی در ارتباط با آن

الف - شرح آخرین لحظات زندگی آیت‌الله

شخصی به نام **ولی‌الله چه‌پور**، که پدر همسر یکی از فرزندان **آیت‌الله طالقانی** به نام **محمدرضا** بوده، در یک خانه‌ی اعیانی‌نشین، در **چهار راه آب سردار**، زندگی می‌کرده که **آیت‌الله** به وی بخشیده بوده است.

این خانه وسیع و جادار بوده و **حضرت آیت‌الله** به صورتی نیمه‌مخفی در نخستین طبقه‌ی آن زندگی می‌کرده است. به دستور **آیت‌الله** قسمتی از طبقه‌ی نخست را آهن‌کشی کرده و به صورت قلعه‌ای مستحکم و محفوظ درآورده بوده‌اند که این محل، خوابگاه اختصاصی ایشان محسوب می‌شده است.

مردم عادی بر این تصور بوده‌اند که منزل و محل زندگی **آیت‌الله** در **خیابان تنکابن**، در دروازه شمیران، قرار دارد. ولی جمعی از دوستان و نزدیکانشان به طور خصوصی و محرمانه آگاهی داشته‌اند که ایشان در آپارتمان لوکسی در طبقه‌ی چهارم یک مجتمع آپارتمانی در **خیابان تخت‌جمشید** زندگی می‌نمایند. اما همانطور که گفته شد، حقیقت این بوده است که ایشان بطور مخفی در همان منزل اهدایی به **ولی‌الله چه‌پور**، در **چهار راه آب سردار**، زندگی می‌کرده‌اند و تمام ملاقاتهای خصوصی و محرمانه‌ی خود را هم به دور از چشم فضولان، در سالن پذیرایی همان خانه‌ی لوکس به انجام می‌رسانده و حتی اغلب به همین ملاقات‌کنندگان نیز وانمود می‌کرده‌اند که آن خانه به آقای **چه‌پور** تعلق دارد و ایشان برای خواب و استراحت به خانه یا آپارتمان خود در **خیابان تنکابن**، و یا **تخت‌جمشید**، خواهند رفت.

در هر حال، شرح زیر را آقای **ولی‌الله چه‌پور** درمورد آخرین لحظات زندگی **آیت‌الله طالقانی** بیان نموده است:

*" ... ما آن روز کرج بودیم. ساعت ٥ بعدازظهر که از کرج حرکت کردیم، **آقا** به من گفت: مرا به **مجلس خبرگان** [مجلس بررسی قانون اساسی] برسان، که اگر صبح نتوانستم بروم، لااقل بعدازظهر بروم.*
حدود ساعت ٦/٥ بود که ایشان را دم در مجلس خبرگان پیاده کردم.
*گفت: مثل اینکه امشب وعدهٔ ملاقات به **سفیر شوروی** داده‌ام. برو منزل وسائل را آماده کن و ساعت ٨ بیا و مرا ببر.*
*حدود ساعت ٨/١٥ ایشان را به منزل بردم. نمازش را خواند و بعد از نماز تقریباً ساعت ٩/١٥ بود که **سفیر شوروی** با مترجمش آمد. **آقا** به*

آقایان **علی [گلزاده] غفوری** و **مجتهد شبستری** هم چون عازم شوروی بودند، گفت که بیایند، آنها حدود ساعت ۹/۵ آمدند.
صحبت‌ها تا ساعت ۱۲ به صورت سئوال و جواب ادامه داشت.
مذاکرات جالب بود و پیرامون اسلام و کمونیسم دور می‌زد ... **بعد از** رفتن **سفیر شوروی**، آقا شام خورد و گفت: می‌خواهم بخوابم، **چون صبح زور باید به مجلس خبرگان بروم.**
من اتاق آقا را آهن‌کشی کرده بودم و در راهرو دستگاه چشم الکترونیکی کار گذاشته بودم که اگر کسی راه می‌رفت، آژیر می‌کشید. چون ما را زیاد با تلفن تهدید می‌کردند و از طرف دیگر مردم می‌گفتند: اگر **آقا** یک مو از سرش کم بشود، ما شما را می‌کشیم! **آقا** هر شب به توصیه من در را از پشت قفل می‌کرد.
یک ربعی نگذشته که **آقا** ابتدا خانم بنده را صدا زد که : من حالم بهم خورده و غذایم را استفراغ کردم. روی **پله‌ها** نشسته بود. **بعد** همسرم مرا صدا زد و **من بالا رفتم. آقا** رفت روی تختش نشست و گفت: مثل اینکه سرما خوردم. قفسهٔ سینه‌ام خیلی شدید درد می‌کند. و از من خواست که روغن یا پمادی بیاورم و سینه‌اش را ماساژ بدهم.
من تمام سینه و شکمش را ماساژ دادم. مخصوصاً می‌گفت: زیر قفسهٔ سینه‌اش محکمتر ماساژ بدهم. در ضمن کار گفتم: **آقا** دکتر صدا بزنم؟ اخمش درهم رفت و گفت: نمی‌خواهد!
به همسرم گفتم که: **به محمدرضا، داماد ما و پسر آقا، بگوید دکتر صدا کند.**
بعد از ماساژ، شالی را که **آقا** به دور سرش می‌بست، به تقاضای خود وی محکم دور قفسهٔ سینه‌اش، قسمت پائین، بستم. و سپس پارچهٔ گرمی خواست که دو نوبت حوله داغ کردم و روی قفسهٔ سینه‌اش گذاشتم.
سپس قرص سرماخوردگی خواست که به ایشان دادم و با دو نعلبکی آب گرم خورد و روی پهلوی راست دراز کشید و به من گفت: چراغ را خاموش کن و برو بخواب چون صبح تا حالا رانندگی می‌کردی حتماً خیلی خسته‌ای.
اما من چون وضع را غیر عادی دیدم و خصوصاً بخاطر عرق سردی که بر بدن ایشان نشسته بود، همانطور ایستادم. دیدم تنفس ایشان غیرعادی است. **آقا** را صدا کردم و گفتم: اگر طاقباز بخوابید مثل اینکه راحت‌تر است. جوابی نداد.
خودم ایشان را به صورت طاقباز خواباندم و نفس ایشان آرامتر و بهتر شد.
دیگر هر چه حرف می‌زدم جواب نمی‌داد و در لبش آثار کبودی پیدا بود.
چون دیدم جواب نمی‌دهد به همسرم گفتم: **تا آقا محمدرضا دکتر بیاورد، من می‌روم از بیمارستان شفا یحیائیان دکتر و دستگاه اکسیژن بیاورم. بعد از برگشتن، دکتر هم آمده بود و گفت: کار از کار گذشته و تمام شده است!** "
(زندگی و مبارزات پدر طالقانی- اسکندر دلدم- صفحات ۸۸ تا ۹۰- بازگشوده از روزنامه کیهان)

ب – نقل نظر پزشکی قانونی بدون انتشار متن آن

*" **نظر پزشکی قانونی – دکتر میرحقانی،** مدیرکل اداره پزشکی قانونی تهران اعلام کرد فوت **آیت‌الله طالقانی** سکتهٔ قلبی بود.*
***دکتر میرحقانی** جسد **آیت‌الله طالقانی** را معاینه کرده است همچنین توضیح داده است ساعت ۶ صبح دیروز **دکتر سحابی** با من تماس گرفت و گفت راجع به معاینهٔ جسد با **دکتر سامی**، وزیر بهداری، تماس بگیرم. من با **دکتر سامی** که در دانشگاه [محل نگاهداری جسد] بود تماس گرفتم. ایشان از من خواست برای معاینهٔ جسد به مسجد دانشگاه تهران بروم. دقایقی بعد من خودم را به مسجد دانشگاه رساندم و جسد **آیت‌الله طالقانی** را معاینه کردم و هیچگونه آثار ضرب و جرح و مسمومیتی مشاهده نشد و با توجه به سابقهٔ بیماری قلبی ایشان علت مرگ سکتهٔ قلبی است و نحوهٔ مرگ نیز این نظریه را تأیید می‌کند و جواز دفن هم به علت سکتهٔ قلبی صادر شده است."*
(روزنامه اطلاعات- مورخ ۲۰ شهریور ۱۳۵۸- صفحه ۲)

ج - اعتقاد بیشتر مردم نسبت به غیرطبیعی بودن مرگ طالقانی

در آن زمان که هنوز بیشتر مردم فریب‌خورده‌ی ایران از تب و تاب انقلاب خارج نشده بودند، مرگ ناگهانی و صددرصد مشکوک **آیت‌الله طالقانی**، روحانی بسیار محبوب خود را فاجعه‌ای بزرگ به حساب آوردند و از ته دل به سوگ نشستند و به عزاداری پرداختند. این افراد عزادار بیشترشان آن مرگ را غیرطبیعی می‌دانستند و یا دست کم با دیده‌ای پر از بدگمانی به آن می‌گریستند و در هر حال مهمترین آرزوی هر یک از آنان در آن روزها این بود که از حقیقت آن مرگ غیرمنتظره آگاهی یابند.

ما در حال حاضر به یقین می‌دانیم که **آیت‌الله طالقانی** به بیماری فشارخون و قند از نوع دوم مبتلا بوده است ولی درمورد بیماری قلبی او دلیل و سابقه‌ای وجود ندارد.

در آن زمان مردم از خود می‌پرسیدند و به یکدیگر می‌گفتند که اگر **آیت‌الله طالقانی** همانطور که برخی‌ها مدعی هستند، سابقه‌ی بیماری شدید قلبی داشت، بی‌گمان می‌بایست که برای درمان آن بیماری داروهایی را مصرف نماید و نیز نه‌تنها همواره در خانه بلکه حتی همیشه در جیب و کنار تختخواب خود قرصهایی را آماده داشته باشد تا در صورت بروز ناراحتی قلبی در زیر زبان خود بگذارد درحالی که محل سکونت **آیت‌الله طالقانی** از داروهای مربوط به قلب اثری نبوده است.

مردم در میان خود گفتگو می‌کردند که اگر **آیت‌الله طالقانی** سابقه‌ی کوچکترین بیماری قلبی داشت، در آخرین شب زندگی و در زمانی که حالش به هم خورد و قفسه‌ی سینه و شکمش درد گرفت، بی‌درنگ به فکر قلبش می‌افتاد و به مصرف داروهای مربوط به قلب مبادرت می‌کرد. در حالی که سرماخوردگی نخستین فکری بود که به خاطر **آیت‌الله طالقانی** خطور کرده و او از صاحبخانه درخواست قرص سرماخوردگی کرده بوده است!

مرگ **آیت‌الله طالقانی** در شرایطی رخ داده بود که برای تعیین علت واقعی آن، نیازی به تشریح جسد در پزشکی قانونی وجود نداشته است زیرا هرگاه از آنچه که **آیت‌الله طالقانی**، در دقایقی پیش از مرگ استفراغ کرده بوده و هنوز مقداری از آنها در کف دستشویی و در داخل چند حوله‌ی دستشویی (که وی در هنگام استفراغ در جلوی دهان خویش گرفته بوده) وجود داشته است، نمونه‌برداری و به آزمایشگاه فرستاده می‌شد، علت واقعی مرگ روشن می‌گردید.

اما به‌جای این کار که صددرصد منطقی بوده است مصلحت‌اندیشانِ دروغی به عملی عجیب و غیرمنطقی مبادرت کرده‌اند.

گویا نخستین شخص از دوستان و یا به اصطلاح از هم‌رزمان **طالقانی** که پس از مرگ وی و در حدود ساعت ۳ بامداد به محل فوت وی رسیده، **مهندس مهدی بازرگان**، نخست‌وزیر وقت، بوده‌است. پس از وی افراد دیگر نیز به تدریج به آنجا وارد شده‌اند و بنا بر پیشنهاد همان مصلحت‌اندیشانِ دروغی نخستین تصمیمشان این بوده است که جسد **طالقانی** را به مسجد دانشگاه انتقال دهند.

پیشنهاد این مصلحت‌اندیشان بی‌درنگ مورد قبول قرار گرفته و وسایل انجام آن نیز فراهم شده است و بستگان و **فرزندان آیت‌الله**، ازجمله صاحبخانه و همسرش (پدرزن و مادرزن **محمدرضا** یکی از پسران **آیت‌الله**)، نیز همراه با جسد و به اتفاق سایر کسانی که پس از شنیدن خبر مرگ **آیت‌الله** به آنجا رفته بودند، همگی (البته با وسایط نقلیه‌ی جداگانه و مربوط به خودشان) به سوی دانشگاه حرکت کرده‌اند.

بطوری که این نویسنده شنیده است، هنگامی که بستگان **آیت‌الله** در همان روز، پیش یا پس از تشییع جنازه به بهشت‌زهرا، به خانه بازگشته‌اند، ملاحظه نموده‌اند که اتاق **آیت‌الله طالقانی** بطور کامل تمیز شده است و نه‌تنها اثری از آنهمه استفراغ وجود ندارد، بلکه تمام اسناد موجود در آن خانه نیز به سرقت رفته است.

در هر حال با توجه به مواردی از این قبیل کمتر کسی در آن زمان وجود داشته است که بطور قطع طبیعی بودن مرگ **آیت‌الله طالقانی** را باور نماید و بیشتر مردم بر این عقیده بوده‌اند که وی به قتل رسیده است.

اما چون در زمان وقوع این قتل، هنوز نقاب زیبای ریا و تزویر از چهره‌ی کریه و واقعی **رهبر کبیر انقلاب**، بطور کامل کنار نرفته بود و هنوز بیشتر مردم فریب‌خورده‌ی ایران بر این گمان بودند که وی مردی پارسا و نایب بر حق امام زمان و از مقربان درگاه خداوند متعال می‌باشد، پس این مردم عقیده داشتند که **دکتر محمدحسین بهشتی**، با همکاری برخی دیگر از جنایتکاران دستاربند، به آن جنایت مبادرت نموده است.

آن عده از خوانندگان گرامی که در زمان فوت **آیت‌الله طالقانی** در سنین نوجوانی و یا بالاتر از آن بوده‌اند، بی‌گمان به خوبی به یاد دارند که مردم در ضمن

شرح اخبار مربوط به مرگ **طالقانی** این شبه بیت آهنگین را نیز به عنوان نظر و باور خود برای یکدیگر می‌خواندند:

" بهشتی!، بهشتی!، طالقانی را تو کشتی! "

و طرفداران بسیار **آیت‌الله طالقانی** نیز در هر کجا که فرصتی می‌یافتند وی را شهید و مرگش را شهادت اعلام می‌کردند و با این ترتیب برخلاف میل و نظر سایر آخوندان حاکم، نظر خود را درمورد غیر طبیعی بودن مرگ او ابراز می‌داشتند.
روزنامه کیهان در شرح مراسم تدفین **طالقانی** نوشته بود که:

*" ... **طالقانی** را بین قطعات ۱۷ و ۳۱ به خاک سپردند، در میان شهدای انقلاب، که **خود نیز شهید انقلاب است** ... "*
(روزنامه کیهان- مورخ ۲۰ شهریور- صفحه ۵)

روزنامه اطلاعات نیز در گزارش مراسم یادبود **آیت‌الله طالقانی** چنین نوشته بود:

*" ... در مراسم یادبود **حضرت آیت‌الله طالقانی**، محوطهٔ زمین چمن دانشگاه تهران با عکس بزرگی از **آیت‌الله طالقانی** که بر بالای آن نوشته شده بود: پیام **طالقانی** شهادت و شورا. و چند عکس دیگر از **امام خمینی** و **آیت‌الله طالقانی** و همچنین پلاکاردهای پارچه‌ای تزئین یافته بود.
نوشتهٔ بعضی از پلاکاردها چنین بود:*

با شهادت طالقانی، خلق محروم ما یکی از حامیان وفادار و بزرگ خویش را از دست داد ... "
(روزنامه اطلاعات- مورخ ۲۱ شهریور ۱۳۵۸- صفحه ۱۲)

مراسم شب هفت **آیت‌الله طالقانی** از ساعت ٤ بعدازظهر روز شنبه ۲٤ شهریور ۱۳۵۸ از سوی خانواده‌ی آن مرحوم در بهشت‌زهرا برگزار گردیده است. بنا به گزارش خبرنگار اطلاعات:

*" ... بعضی از شعارهای پارچه‌ای که دیروز [شنبه ۲٤ شهریور] در بهشت‌زهرا به چشم می‌خورد، حاوی مطالب زیر بود: ...
شهادت مجاهد کبیر، آیت‌الله **طالقانی**، مظهر مقاومت در برابر مثلث شوم استبداد، استعمار و استثمار را به خلق ایران تسلیت می‌گوییم ... "*
(روزنامه اطلاعات- مورخ ۲۵ شهریور- صفحه ۲)

طاهر احمدزاده، استاندار وقت خراسان، در مراسم چهلمین روز درگذشت **آیت‌الله طالقانی** از وی به عنوان **شهید** یاد کرده است:

*" ... باید به صراحت اعلام کنم که انقلاب ما بطور جدی در معرض خطر قرار گرفته، به خدا قسم زنگ خطر به صدا درآمده ... **ای طالقانی شهید** ای مجاهد کبیر، امروز در مزارت تکرار می‌کنیم که **ما نیاز به یک انقلاب در انقلاب داریم** ... "* (همان- ۲۸ مهرماه ۱۳۵۸- صفحه ۱۰)

جلوگیری از کالبدشکافی جسد طالقانی و تحقیقات مربوط به علت مرگ وی

خلیل‌الله رضائی (از دوستان بسیار نزدیک و شاید بتوان گفت از محارم **آیت‌الله طالقانی**) سه نفر از فرزندان خود به اسامی **احمد**، **رضا**، و **مهدی** را، که هر سه از نخستین رهبران **مجاهدین خلق** بوده‌اند، در دوران رژیم سابق از دست داده بوده است. (قتل دو نفر نخست در درگیریهای خیابانی، به ترتیب در تاریخهای ۱۱ بهمن ۱۳۵۰ و ۲۵ خرداد ۱۳۵۲ صورت گرفته بوده و نفر سوم در تاریخ ۱۶ شهریور ۱۳۵۰ به حکم دادگاه اعدام شده بوده است.)
با توجه به مراتب بالا، این آقای **خلیل‌الله** و همسر وی، در سالهای پیش و پس از انقلاب، به عنوان «**پدر و مادر رضائی‌های شهید**»، شهرت و محبوبیت کسب کرده بوده‌اند. آقای **رضائی** در همان نخستین روزهای استقرار انقلاب اسلامی، نیز با موافقت **خمینی** از سوی وزارت کشور به عنوان **بازرس مخصوص** آن وزارتخانه منصوب شده بوده است.
شرح زیر از یادداشتهای این شخص می‌باشد:

*" یادداشت مرحوم **خلیل‌الله رضائی (پدر رضائی‌ها)***
*روز **نوزده شهریور** من تازه از سفر آمریکا برگشته بودم. در بازگشت **به دلیل علاقهٔ زیاد و رفاقتی که از سالهای قبل ایجاد شده و در جریان مبارزات علیه شاه و شهادت فرزندان مجاهدم بسیار محکم شده بود، از همان فرودگاه به منزل آقای طالقانی زنگ زدم** که سلامی گفته و احوالی بپرسم که جواب دادند: خانه نیستند و مهمانند. از فرودگاه به خانه رفتم ولی به دلیل اختلاف ساعت آمریکا و ایران و عادت نکردن به وقت خواب در ایران خوابم نمی‌برد. در همین هنگام آقای **اصغر محکمی** زنگ زد و با ناراحتی گفت: آقای **طالقانی** در مهمانی منزل **چه‌پور** (پدر یکی از عروسهای آقای **طالقانی**) فوت کرده است!*
*جریان به این صورت بود که آقای **طالقانی** طلب آب می‌کنند و **چه‌پور** می‌رود آب می‌آورد و به دست **آقا** می‌دهد. **آقا** آب را می‌خورد و بعد از دو سه دقیقه می‌گوید: **سوختم** و از حال می‌رود. افراد حاضر می‌روند تلفن بزنند به بیمارستان طرفه که **می‌بینند هر دو تلفن خانهٔ چه‌پور قطع است!***
*من به **اصغر محکمی** گفتم: تو از کجا متوجه شدی؟ او جواب داد: منزل پدر من کنار منزل **چه‌پور** است و می‌آیند و از خانهٔ پدر من تلفن می‌کنند. ولی کار از کار گذشته‌است.*
*در اینجا بجاست اشاره کنم آقای **اصغر محکمی مجاهد رشید و شریفی بود که در سال شصت توسط پاسداران خمینی به شهادت رسید!***
*در هر حال، من پس از باخبرشدن از ماجرا، با حالی پریشان به **مهندس بازرگان** [نخست‌وزیر]، آقای **صدر حاج‌سیدجوادی** [وزیر کشور]، **دکتر سامی** [وزیر بهداری] و **دکتر مبشری** [وزیر دادگستری] تلفن کردم و قضیه را گفتم و بعد به وزارت کشور رفتم تا ته و توی قضیه را بیشتر*

در بیاورم. **قطع بودن بی‌دلیل هر دو تلفن خانهٔ چه‌پور بیشتر قضیه را مرموز می‌کرد** و احتمال اینکه جنایتی اتفاق افتاده باشد را بیشتر می‌کرد. بخصوص که **همزمان تلفن منزل دیگر آقای طالقانی که طبقهٔ چهارم آپارتمانی در خیابان تخت‌جمشید بود نیز قطع شده بود** و عده‌ای که هیچگاه معلوم نشد از کجا آمده بودند، تمام اثاث خانه را زیر و رو کرده و بطور دقیق گشته بودند که **به تصور من برای آن بود که اگر نوشته‌ای از آقای طالقانی علیه آنها وجود داشته باشد، از بین ببرند!**

در وزارت کشور وقتی با آقای **صدر حاج‌سیدجوادی** صحبت کردم، ایشان گفتند: خودت به شهربانی برو و قضیه را دنبال کن که ماجرا چه بوده است. من به عنوان **بازرس مخصوص وزارت کشور** به شهربانی رفتم و مشغول پی‌گیری قضایا شدم. یک تیم ورزیده برای دنبال کردن قضیه بلافاصله تشکیل شد. سه روز بعد از شهربانی تلفن زدند که به آنجا بروم. **وقتی رفتم معلوم شد بهشتی تلفن زده و گفته است که: خمینی دستور داده هر نوع تعقیب ماجرا ممنوع است. و لاجرم قضیه معلق ماند!**

دکتر سامی خیلی تلاش کرد که اجازهٔ کالبدشکافی بگیرد ولی باز از سوی خمینی به او خبر دادند کالبدشکافی ممنوع است و لاجرم دکتر سامی نتوانست کاری بکند. فی‌الواقع در آنوقت هم در برابر قدرت وحشتناک **خمینی** نمی‌شد کاری کرد!

در هر حال این بزرگمرد این چنین در میان اشک و آه مردم به خاک سپرده شد و این معضل باقی ماند. اما شَم مردم کمتر اشتباه می‌کند. از فردای به خاکسپاری **مرحوم طالقانی** این شعار که : **بهشتی، بهشتی، طالقانی را تو کشتی،** بر سر زبان مردم افتاد و این شعار بیهوده نبود!

من به عنوان کسی که مدت کوتاهی در اوائل انقلاب مسئولیتهای حسّاسی به عهده داشتم بارها شاهد این بودم که **خمینی** و امثال **بهشتی** و **رفسنجانی** چقدر **طالقانی** را مانع خود می‌دانستند و همان اوایل انقلاب وقتی **شادروان طالقانی** اعتراض خود را در مجلس خبرگان با روی زمین نشستن نشان می‌داد، **شبی بهشتی در صحبت با خمینی گفته بود: تا طالقانی زنده است مانع کار ماست. و این قضیه را یکی از نزدیکان بیت خمینی که از نام بردن آن عجالتاً معذورم برای من تعریف کرد!**

قضیهٔ قتل آنقدر بر زبانها شایع بود و آخوندها از آن خبر داشتند که وقتی با هم درگیر می‌شدند آن را به عنوان چماق بر سر هم می‌کوبیدند. از جمله در مجلسی، **شیخ‌جعفر شچونی با چه‌پور بر سر این قضیه درگیر می‌شود و او را متهم به قتل آقای طالقانی می‌کند!** "

(بازگوشده از سایت اینترنتی عصر نو به آدرس:

(http://asre-nou.net/php/view.php?objnr=1962

قسمتی از سخنان مهندس مهدی بازرگان
در مجلس ترحیم آیت‌الله طالقانی

در مجلس ترحیم **آیت‌الله طالقانی** که بعدازظهر روز سه‌شنبه مورخ ۲۰ شهریور ۱۳۵۸ در دانشگاه تهران برگزار گردید، نخست‌وزیر وقت، **مهندس مهدی بازرگان**، که از سال ۱۳۲۱ از دوستان نزدیک و یا به گفته‌ی خودش از هم‌رزمان و هم‌فکران صمیمی **طالقانی** بوده است، سخنرانی مفصلی ایراد نموده است.
وی در آغاز این سخنرانی انجام سوگواریهای قلبی و برگزاری اجتماعات عظیم را که توسط مردم از لحظه‌ی شنیدن خبر فوت **آیت‌الله طالقانی** و در عزای او صورت گرفته بود و نیز ازدحام طبیعی و صمیمی و همراه با شور و شیون مردم در آن مجلس ترحیم را در تاریخ دنیا بی‌نظیر و بی‌سابقه دانسته و در اواخر سخنان خود چنین گفته بود:

> *" ... اسلام و قرآن اساسش آزادی است. یعنی آزادی تحمیلی عین اسارت است. و مسئلهٔ مشورت که آخرین توصیهٔ **طالقانی** بود، روی همین شوراها بود که باید ایالات و قسمتها خودشان نمایندگان خود را انتخاب بکنند. فرهنگ، بهداشت، آب و برق، نظافت، آنها مسلم بهتر عقلشان می‌رسد که چه کسی کارها را اداره بکند در ایالات خودشان ... آخرین پاداشش آن آراء سنگین و عظیمی بود که در انتخابات مجلس بررسی قانون اساسی به دست آورد و او را در اواخر به دلائلی نگران کرده بود که قانون اساسی از آنچه که یک عمر او در راهش مبارزه کرده بود و نظر اولی و اصلی و **وعده‌های مکرر مرجع عالیقدر انقلاب ما بوده**، از آن راه منحرف بشود و توی خطهائی بیافتد که در بالا ذکر شد ..."*
>
> (روزنامه اطلاعات- مورخ ۲۱ شهریور- صفحه ۱۲)

نامه‌ی سرگشاده‌ی دکتر محمدعلی ملکی
خطاب به مردم آگاه ایران و ...

دکتر محمدعلی ملکی، نخستین رئیس دانشگاه تهران پس از انقلاب، از دوستان نزدیک خانوادگی و از همفکران مبارز **آیت‌الله طالقانی** محسوب می‌شده که در مجلس ترحیم وی در بهشت‌زهرا نیز سخنرانی کرده بوده است.
این شخص که در تاریخ ۱۲ تیرماه ۱۳۶۰، در همین رژیم به جرم اعتراض به تجاوزات و اقدامات ناروای افرادی که زیر نام **«انقلاب فرهنگی»** و به بهانه‌ی اسلامی کردن دانشگاهها و حذف مواد غیراسلامی از برنامه‌های درسی دانشکده‌ها به تضعیف مراکز علمی کشور و پایین آوردن سطح دانش و معلومات دانشجویان پرداخته بودند، دستگیر شده و به مدت پنج سال، یعنی تا تاریخ ۲۱ مرداد ۱۳۶۵ در زندان بسر برده بود، سپس در تاریخ ۲۱ اسفند ۱۳۷۹ در منزل آقای **محمد**

بسته‌نگار (شوهر **طاهره طالقانی**، دختر **آیت‌الله طالقانی**)، به همراه شمار دیگر از افراد به اصطلاح ملی – مذهبی دستگیر و پس از چندی بطور موقت و به قید وثیقه آزاد شده بود.
وی در آن روزها احضاریه‌ای را که از سوی دادگاه انقلاب برای وی صادر شده بود، ندیده گرفته و درعوض نامه‌ی سرگشاده‌ای خطاب به «**مردم آگاه ایران – جوانان، دانشجویان، نسل سوم انقلاب**» منتشر ساخته و ضمن آن درمورد **آیت‌الله طالقانی**، چنین نوشته است:

" ... او خود را برای سخنرانی روز جمعه [۱۶ شهریور ۱۳۵۸] در بهشت‌زهرا که به مناسبت ۱۷ شهریور انجام خواهد شد، آماده می‌سازد.
*در همین روزها مدارکی که از منزل **ازهاری** به دست آمده و در آن لیستی از مرتبطین ساواک و حکومت نظامی نوشته شده است به پدر [**طالقانی**] نشان داده می‌شود، این دیگر برای او ضربهٔ کوبنده‌تریست.*
پیشانی و صورتش شدیداً منقبض می‌گردد، پیشانی‌اش در هم می‌رود و همچنان باقی می‌ماند.
مسائلی که اتفاق افتاده و می‌افتد برایش باورنکردنی نیست. چون فانوسی در هم فرومی‌رود.
جمعه بهشت‌زهرا از جمعیت موج می‌زند. پرچمهای سرخی که بر فراز مزار شهدا زیر نسیم باد به حرکت می‌آید، خاطرات دوران انقلاب را در او زنده می‌کند. وقتی به بهشت‌زهرا می‌آید تا با مردم وداع کند و آخرین خطبه‌اش و سخنش را با مردم درمیان بگذارد، بسیار خسته و گرفته به نظر می‌رسد، مثل این است که می‌داند چند روز دیگر بیشتر در میان مردم نیست. حرفهایش وصیت‌گونه است. او می‌داند چه خواهد شد و سرنوشت این مردم به کجا خواهد کشید. فریاد می‌زند:
صد بار گفتم که مسئلهٔ شورا از اساسی‌ترین مسائل اسلامی است.
حتی پیغمبرش با آن عظمت می‌گوید: با این مردم مشورت کن، به اینها شخصیت بده، تا بدانند که مسئولیت دارند. متکی به شخص رهبر نباشند.
ولی نه اینکه نکردند، می‌دانم چرا نکردند. هنوز هم در مجلس خبرگان بحث می‌کنند. هر که استبداد کند خودش هلاک می‌شود. شاید بعضی از دوستان بگویند آقا شما چرا این مسائل را در میان تودهٔ مردم مطرح می‌کنید؟
بیائید در مجلس خبرگان بگوئید. می‌گویم بین موکلین شما مطرح می‌کنم. اینها هستند که ما را وکیل کردند.
*یکی دو روز بعد در منزل **چه‌پور** با سفیر شوری ملاقات دارد. صحبت آنها تا ساعت ۱۲ شب طول می‌کشد. دقایقی بعد حال پدر [**طالقانی**] بد می‌شود. وقتی آقای **چه‌پور** خطر را جدی می‌بیند و می‌خواهد به دکتر تلفن بزند، **متوجه می‌شود تلفن قطع است**. به منزل همسایه می‌رود برای زدن تلفن، وقتی به منزل برمی‌گردد با بدن سرد پدر مواجه می‌شود.*
آری پدر تنهای تنها دق کرده بود. "
(از سایت اینترنت با آدرس زیر:
http://www.mellimazhabi.org/didgah/020916maleki/p02.htm
و بازگوشده از کتاب طالقانی و تاریخ- صفحه ۵۴۰)

تصویب اصل مربوط به ولایت فقیه
در نخستین جلسه پس از مرگ طالقانی

پس از مرگ آیت‌الله طالقانی، آیت‌الله حسینعلی منتظری و دکتر محمدحسین
بهشتی درمورد اصل پنجم پیشنهادی قانون اساسی که در جلسه‌ی مورخ یکشنبه ۱۸
شهریور ۱۳۵۸ رأی نیاورده و رد شده بود، به ترتیبی ذکر شد، رفتار کرده‌اند.
یعنی دو نفر آیت‌الله مذکور متن آن را مختصری تغییر داده و با اضافه کردن پنج
صفت جدید به بعد از صفت عادل، متن تغییر یافته را در نخستین جلسه‌ای که پس
از مرگ طالقانی (در تاریخ چهارشنبه ۲۱ شهریور ۱۳۵۸) تشکیل شده بود، به
شرح زیر به تصویب رسانده‌اند:

" اصل ۵ - در عصر غیبت، ولایت امر و امامت امت برعهدهٔ برترین
اسلام‌شناس فقیه عادل، با تقوی، آگاه به زمان، شجاع، مدیر و مدبر است
که اکثریت مردم او را به رهبری پذیرفته باشند. "

دلایل عدم اعلام بدگمانی
درمورد مرگ آیت‌الله طالقانی

تردیدی نیست که مرگ ناگهانی آیت‌الله طالقانی بر بستگان نزدیک و به‌ویژه
بر فرزندان وی بسیار دردناک بوده و ضربه‌ای شدید و وحشتناک محسوب می‌شده
است و آنان یک شبه تا حد بسیار زیادی قدرت و نفوذ سیاسی و موقعیت ویژه و
والای اجتماعی خود در بین مردم ایران را از دست داده بودند.

نگارنده تردید ندارد که این افراد بعلاوه دوستان خانوادگی و نزدیک آیت‌الله
طالقانی همگی به غیرعادی بودن مرگ وی معتقد می‌باشند و آن را طبیعی
نمی‌دانند. و بی‌گمان این افراد، افزون بر آنچه که در این کتاب درج شده است،
دلایل و اسناد دیگری هم در اختیار دارند که امید است روزی با افشای آنها
بسیاری از گوشه‌های تاریک این جنایت روشن و افرادی که به ارتکاب آن متهم
می‌باشند معرفی شوند و با محاکمه‌ی آنان واقعیت و حقیقت امر به آگاهی همگان
برسد.

بدبختانه تاکنون نه‌تنها هیچکس شهامت نداشته است که علنی درباره‌ی قتل
آیت‌الله طالقانی اظهار نظر نماید، بلکه افراد خانواده‌ی وی نیز از همان ابتدا بارها
واقعیت قتل او را تکذیب نموده‌اند.

برای نمونه می‌توان از مصاحبه‌ی ابوالحسن، فرزند ارشد آیت‌الله طالقانی، با
خبرنگار روزنامه اطلاعات نام برد. این مصاحبه مربوط به روزهایی است که
برگزاری مراسم چهلم آیت‌الله در جریان بوده است:

" ... [خبرنگار] می‌پرسم دربارهٔ شایعاتی که پیرامون مسمومیّت احتمالی
آیت‌الله طالقانی و زمزمه‌هائی که اینجا و آنجا شنیده می‌شود چه نظری دارید؟

90

ابوالحسن طالقانی: ... من شخصاً شایعاتی را که دربارهٔ احتمال مسمومیّت پدر در اینجا و آنجا شایع می‌شود تکذیب می‌کنم و اعلام می‌دارم که مرگ ایشان طبیعی بوده است ..."
(روزنامه اطلاعات- مورخ ۲۶ مهرماه ۱۳۵۸- صفحه ۹)

با توجه به مراتب بالا و اینکه حتی اگر مرگ **آیت‌الله طالقانی** را بطور قطع و یقین قتل ندانیم، دست کم احتمال وقوع آن غیرقابل انکار می‌باشد.
با این ترتیب این پرسش پیش می‌آید که چرا فرزندان **آیت‌الله** از همان ابتدای امر، و حتی پیش از اعلام تشخیص پزشک قانونی، مرگ پدر خود را صددرصد طبیعی دانستند و هرگونه احتمال دیگر در این مورد را تکذیب نمودند؟
در آن اوضاع و احوال چنین به نظر می‌رسد که دست کم رعایت دو مطلب آنان را از اعلام احتمال مسمومیت پدرشان و یا حتی ابراز کوچکترین تردید درمورد طبیعی بودن مرگ وی بازداشته است و این دو مطلب عبارت بوده‌اند از:

نخست – ترس از حبس و شکنجه و اعدام به علت فعالیتهای سیاسی
دوم – ترس از دست دادن ثروت و امتیازاتی که تا آن زمان به دست آورده بودند

ضمن بخشهای آینده کوشش شده است که چند سالی در تاریخ به عقب برگشته و برمبنای سوابق امر، اطلاعات کافی درباره‌ی دو مورد بالا، در اختیار خوانندگان گرامی گذاشته شود:

نخست- برخی دلایل مربوط به ترس فرزندان آیت‌الله از حبس، شکنجه و اعدام

پیشگفتار کلی

نحوه‌ی ارتباط روحانیون بزرگ با اعضای خانواده‌ی خود

هرگاه آن خواننده‌ی گرامی در طول زندگی خود حتی با یک نفر از اعضای خانواده‌ی یکی از عمامه‌دارانِ تاحدودی سرشناس، یعنی یکی از روحانیون تحصیل‌کرده، و یا به اصطلاح خودشان حوزه‌دیده، دوستی و معاشرت داشته است، بی‌گمان صدق گفتار این نویسنده را شهادت خواهد داد که این عضو خانواده همواره از آن روحانی، که برای نمونه پدر و یا همسر خودش می‌باشد، با احترامی بسیار سخن می‌گوید و از او با ضمیر سوم شخص جمع، یعنی «**ایشان**»، و یا عناوینی از قبیل «**آقا**» یا «**حضرت آقا**» نام می‌برد و وی را در زمره‌ی دانشمندان بزرگ و با تدبیر اسلامی به‌شمار می‌آورد.
نباید تصور کرد که این احترام و رفتار و این طرز خطاب و گفتار مصنوعی و دروغی می‌باشد و فقط به منظور جلب احترام و توجه دیگران به روحانی مورد نظر انجام می‌شود، بلکه افراد خانواده‌ی هر یک از این قبیل روحانیون به راستی بر این تصور می‌باشند که هوش و تدبیر روحانی مربوط به آنان در سطحی بالاتر

از دیگران قرار دارد و او می‌تواند به هر پرسشی پاسخ گوید و هر مشکلی را حل کند.

جایگزین این تصور (اغلب خلاف واقع) در فکر و ذهن همسر(ان) و فرزندان روحانیون، معلول روش تربیتی سختگیرانه‌ای است که هر روحانی حوزه‌دیده در زندگی خصوصی خود از نخستین روز ازدواج، درمورد همسر یا همسران خود، و از نخستین روز تولد، درمورد هر یک از فرزندان خود، معمول می‌دارد و به همین جهت افراد خانواده‌ی همه‌ی آنان، یعنی همسر یا همسران بی‌شمار و فرزندانشان همگی از ته دل شوهر و پدر خود را دانشمندی بزرگ و باتدبیر و درعین حال از نزدیک‌ترین افراد به درگاه احدیت می‌دانند و اطاعت و احترام وی را نه‌تنها بر خود بلکه بر همه‌ی مردم واجب می‌شمارند.

این روش قسمتی از درس ریاکارانه و ننوشته‌ای است که طلبه‌ها در حوزه‌های مذهبی به تدریج فایده‌های زیاد آن را از راه مذاکره و مباحثه با طلبه‌های دیگر و نیز از مشاهده‌ی رفتار روحانیون ارشد و بلندپایه در زندگی خصوصی و محرمانه‌ی آنان، فرامی‌گیرند.

همچنین اغلب حُجج اسلام به این بهانه که قصد نماز و دعا و راز و نیاز در تنهایی با خداوند متعال (و یا مشورت محرمانه با امام زمان!) را دارند در خانه‌ی خود خلوتگاهی راحت، امن و صددرصد مجهز برای کار و استراحت خود ترتیب می‌دهند، که هیچکس حتی همسر و فرزندانشان را نیز بدون کسب اجازه، راهی به آن نمی‌باشد.

این ترتیب به آنان اجازه می‌دهد که به بهانه‌ی پاسخگویی به مسایل زنانه، مسایلی که زنان از طرح آنها در مقابل دیگران خجالت می‌کشند، دختران و زنان جوان را در خلوتگاه خود بپذیرند و این نویسنده صددرصد اطمینان دارد که این قبیل به خلوت‌کشانی‌ها، اغلب با سوءنیت همراه می‌باشد.

در پایان این مقدمه‌ی کلی تأیید می‌نماید که رفتار آیت‌الله طالقانی با اعضای خانواده‌ی خود، ازجمله فرزندانش، کم و بیش به همان ترتیبی بوده است که در بالا ذکر شد. یعنی تمام فرزندان آیت‌الله طالقانی از ابتدا به گونه‌ای تربیت شده بودند که احترام پدر خود را در بالاترین حد ممکن نگاه می‌داشتند و اوامر وی را همچون وحی مُنزَل می‌پذیرفتند و اطاعت می‌کردند.

اعظم طالقانی، ضمن سخنرانی در مجلس ترحیم پدر خود درمورد وی گفته است که او:

" ... شهید مجسم، خطیب، مرد محراب، معلم انسانیّت [!] و قرآن، مرد سیاست و عمل و بالاخره وی چند بعدی و بلاتشبیه تجسم کوچکی از علی بود[!] ..."
(روزنامه اطلاعات- مورخ ۲۱ شهریور ۱۳۵۸- ستونهای ۵ و ۶)

تردیدی نیست که اعظم خانم و سایر فرزندان آیت‌الله طالقانی پدر خود را مصداق واقعی تمام صفات مزبور می‌دانسته‌اند و با این ترتیب طبیعی بوده است که وی را از تمام مردم دنیا بالاتر بشمارند و تنها علی را قابل مقایسه با او بدانند.

این نویسنده یقین دارد که **اعظم خانم** واژه‌ی **بلاتشبیه** و کوچکتر شمردن پدرش از **علی** را نیز به علت خجالت از شنوندگان حاضر در مجلس ترحیم ذکر کرده، والا از نظر وی پدرش تمام محاسن انسانی را در حد کمال دارا بوده و از این حیث چیزی کمتر از **علی** نداشته است.

ترس از دست دادن ثروت و امتیازاتی که تا آن زمان به دست آورده بودند

(۱)- وضع مادی طالقانی پیش از انقلاب

درباره‌ی وضع مادی **آیت‌الله طالقانی**، در روزهای پیش از انقلاب اطلاعات چندانی نداریم ولی می‌دانیم که وی دارای ده فرزند (پنج پسر و پنج دختر) به اسامی زیر بوده است:

مهدی، حسین، ابوالحسن، محمدرضا، مجتبی – طیبه، طاهره، وحیده، اعظم، و مریم

و تنها از درآمد شغل پیشنمازی **مسجد هدایت** برای تک‌تک آنان خانه‌ی مستقل با وسایل زندگی کافی تهیه کرده بوده است!

و نیز تا آنجا که می‌دانیم وی در زمان پیروزی انقلاب شوم اسلامی دست کم دارای دو همسر بوده که یکی از آنان به نام خانوادگی **معتضد** در تاریخ جمعه ۱۸ اسفند ۱۳۵۷ وفات یافته و دیگری همان همسری است که در زمان فوت **آیت‌الله طالقانی** در مشهد بود و روز پس از آن به تهران آمد و نیز در مراسم هفتمین روز وفات شوهرش سخنرانی کرد و این دو نفر دارای خانه و زندگی مستقل بوده‌اند.

(۲)- وضع مادی آیت‌الله طالقانی پس از انقلاب

از تاریخ ۲۲ بهمن ۱۳۵۷، یعنی روز پیروزی انقلاب شوم اسلامی، تا روز ۱۹ شهریور ۱۳۵۸، که **آیت‌الله طالقانی** وفات یافته، ۲۱۱ روز می‌گذشته و ما در این روزها هم درست نمی‌دانیم که در وضع مادی وی چه تغییراتی حاصل شده بوده است؟

ولی اطلاعیه‌ی زیر بطور غیرمستقیم، گوشه‌ای از ثروتی را نشان می‌دهد که وی در همین مدت کوتاه، افزون بر ثروت فراوان فرزندان و سایر بستگان، به ظاهر برای کمک به دیگران، در اختیار داشته است:

" دفتر آیت‌الله طالقانی تعطیل شد

*دفتر **آیت‌الله طالقانی** دیروز ضمن انتشار اطلاعیه‌ای تعطیل این دفتر و شعب آن را اعلام داشت. متن اطلاعیه به شرح زیر می‌باشد:*

بسمه‌تعالی

*عشق عمیق و وسیع پدر **طالقانی** به مردم، اعتماد و علاقه و دلبستگیهای مردم را به او ایجاد کرده و احساس مسئولیت پدر، نسبت به خلق خدا و تعهدی که دانشمندان آگاه در برابر خالق دارند او را بر آن داشت که دفتری در خانهٔ خود [؟!] تأسیس کند و **نیازهای گوناگون فرزندان خود را در سراسر ایران و مستضعفان جهان را در حد امکان انجام دهد.***
اینک که او به پروردگارش پیوسته است، ما فرزندان آن بزرگوار، بااحساس مسئولیت در برابر خدا و خلق و روح پدر و به حکم تئودوالأمانات الی أهلهاء - تعطیل دفتر و همهٔ شعبه‌ها[ی] آن را اعلام می‌داریم و وسائل و امکاناتی که در اختیار داریم به مقامات ذیربط و مسئول تحویل می‌دهیم. باشد که بر اساس نیّت خیر پدر، رفع آن نیازها از این به بعد، نیز به وسیلهٔ افراد یا سازمانهای باصلاحیت ادامه یابد.

من‌الله توفیق و علیه‌التکلان

*از طرف خانوادهٔ **آیت‌الله طالقانی***

ابوالحسن طالقانی، حسین طالقانی، محمد بسته‌نگار

*به گزارش **خبرگزاری پارس**، دفتر **آیت‌الله طالقانی** پس از آزادی ایشان از زندان، در اوائل آبان ۱۳۵۷ رسماً کار خود را آغاز کرد و هدف آن کمک به پیشبرد انقلاب اسلامی و مدد ضعفاء و مصدومین بود.*
*این دفتر علاوه بر فعالیتهای مالی و امدادهای داروئی و پزشکی خود در تهران با اعزام گروههائی به شهرستانها نیز به حل مشکلات مردم می‌پرداخت و **در حال حاضر نیز ۱،۱۰۰ خانواده تحت تکفل این دفتر می‌باشد که ۵۰۰ خانواده متعلق به شهداء و ۶۰۰ خانواده از ضعفاء می‌باشند.***
*همین گزارش حاکیست که دفتر **آیت‌الله طالقانی** تا تحویل کامل به مقامات ذیصلاح و برگزاری چهلم درگذشت **آیت‌الله طالقانی** به کار خود ادامه می‌دهد."*
(روزنامه‌های کیهان و اطلاعات- مورخ ۲۹ شهریور ۱۳۵۸- به ترتیب صفحات ۱۶ و ۱۲)

دو فرزند ارشد و داماد وی در اطلاعیه‌ی بالا اعلام کرده‌اند که **حضرت آیت‌الله** از طریق دفتر خود:

" نیازهای گوناگون فرزندان خود را در سراسر ایران و مستضعفان جهان را در حد امکان انجام " می‌داده است.

و ما می‌دانیم که وی برای انجام این کارها در بسیاری از شهرهای ایران، در خانه‌های بی‌شمار مصادره‌ای، دارای دفتر با شماری کارمند و پاسدار بوده و نیز در بیشتر جاهایی که گروههایی زیر عنوان سازمان آزادی‌بخش به جنگهای چریکی اشتغال داشته‌اند دفاتری احداث کرده بوده است.
افزون بر آن، همان داماد و فرزندان اعلام داشته‌اند که:

*" این دفتر علاوه بر فعالیتهای مالی و امدادهای داروئی و پزشکی خود در تهران با اعزام گروههائی به شهرستانها نیز به حل مشکلات مردم می‌پرداخت و **در حال حاضر نیز ۱،۱۰۰ خانواده تحت تکفل این دفتر می‌باشد** ... "*

حال از خوانندگان گرامی درخواست می‌نماید که با یک حساب سرانگشتی و بطور تقریبی تعیین نمایند که بودجه‌ی ماهانه برای اداره‌ی تشکیلات دفتر **حضرت آیت‌الله**، جهت ۱۱۰۰ خانواده در ایران و صدها خانواده در جهان، در ماه چه مبلغ بوده و حدس بزنند از کجا تأمین می‌شده است و نیز حدس بزنند که هر یک از فرزندان ایشان چند خانه‌ی مصادره‌ای را تصاحب کرده بوده‌اند، در چه خانه‌هایی زندگی می‌کرده‌اند و به چه میزان ثروت دست یافته بوده‌اند؟

بدگمانی نسبت به دو نفر
درمورد مسموم ساختن طالقانی

الف ـ بدگمانی نسبت به آیت‌الله گلزاده‌غفوری

آیت‌الله دکتر علی گلزاده‌غفوری (تولد ۱۳۰۲ خورشیدی ـ وفات ۱۱ دیماه ۱۳۸۸) دوست بسیار نزدیک و تا اندازه‌ای گوش به فرمان و مُبَلِغ فعال نظرات مخالفت‌آمیز **آیت‌الله طالقانی** نسبت به اقدامات **خمینی** و حمایت آشکارا از **مجاهدین خلق** بوده و به این جهت شاید بتوان گفت که از نظر **خمینی** گناهانی بیش از **طالقانی** داشته است.
آرای داده شده به این شخص در انتخابات مجلس خبرگان در تهران در ردیف دوم (پس از **طالقانی**) قرار داشته و او در جلسه‌ی بعدازظهر ۱۸ شهریور ۱۳۵۸ مانند **طالقانی** به اصل مربوط به ولی فقیه رأی منفی داده است.

چون **گلزاده** مانند **طالقانی** دارای نفوذ، شهرت، محبوبیت، و احترام سیاسی زیادی نبوده، پس بازداشت، محاکمه، و حتی اعدام وی مشکلات و دشواریهای قابل ملاحظه‌ای برای **خمینی** و دولت وقت، به وجود نمی‌آورده است.

با این وجود، تهدید وی به حبس و شکنجه و اعدام به منظور وادار کردنش به انجام یک جنایت شاید نمی‌توانسته است آنطور که باید و شاید، نتیجه‌بخش و کارساز باشد.

اما در آن زمان موضوعی که بدون تردید بیش از تهدید بر ضد خود وی می‌توانسته است او را به انجام یک جنایت وادار سازد، ارتباط برخی از فرزندانش با ماجرای جاسوسی **محمدرضا سعادتی**، و نیز عملیات خرابکارانه، انفجار، ترورهای منجر به جرح یا مرگ، توسط سه نفر از فرزندان و یک دامادش در تیمهای خرابکاری و ترور مجاهدین بوده، که بطور مسلم برای هر یک از آنها مجازات اعدام وجود داشته است.
به عبارت دیگر، در این شرایط می‌توان تصور کرد که **آیت‌الله گلزاده** برای نجات جان فرزندان و دامادش از اعدام مسلم، **طالقانی** را قربانی کرده باشد.

البته هرگاه این فرضیه را بپذیریم، باید در نظر داشته باشیم که در مقابل گرفتن جان از یک دوست، یعنی **طالقانی**، افزون بر نجات جان چهار تن از گرامی‌ترین کسان، شاید، وعده‌های بسیار فریبنده‌ی دیگر برای دادن امتیازات ارزنده نیز به **گلزاده** داده شده بوده است.

دو نفر از پسران وی به اسامی **محمدصادق** و **محمدکاظم** جزو مجاهدینی بوده‌اند که باز هم پس از دو سال (در اواخر مردادماه ۱۳۶۰) مسلحانه به کمیته‌ی مرکزی پاسداران و چند کمیته دیگر حمله‌ور گردیده و شماری از آنان، ازجمله این دو نفر، در اثر مقاومت و حملات متقابل پاسداران به سختی مجروح شده بوده‌اند. **محمدصادق** به علت شدت جراحت دستگیر و به بیمارستان اعزام گردیده ولی **محمدکاظم**، که با وجود جراحت موفق به فرار شده بود، پس از یک هفته به اسارت درآمده است.

در هر حال، این دو نفر به ترتیب، در شهریورماه و مهرماه همان سال اعدام شده‌اند.

دختر **گلزاده‌غفوری**، به نام **مریم**، و شوهرش، **علیرضا حاج‌صمدی** نیز که سه سال پس از آن (در سال ۱۳۶۱) به جرم عضویت در سازمان مجاهدین خلق بازداشت شده بوده‌اند، نامشان جزو افرادی است که در سال ۱۳۶۷ اعدام شده‌اند.

صادق خلخالی در صفحه ۳۲۸ خاطرات خود درباره‌ی رخدادهای مربوط به اواخر مردادماه ۱۳۶۰ چنین نوشته است:

> *" حوادث ناگوار: دیروز [۲۱ مرداد ۱۳۶۰] **مجاهدین خلق**، مقر مرکزی پاسداران را با آرپی‌جی هفت مورد حمله قرار داده بودند و صبح امروز مورخه ۱۳[۶۰/۵/۲۲] نیز کمیتهٔ منطقهٔ چهار را مورد هدف قرار دادند. البته تعدادی از آنها دستگیر شده‌اند."*

می‌توان حدس زد که مجروح شدن دو پسر **آیت‌الله گلزاده‌غفوری** در یکی از همین حوادث ناگوار بوده است.

در اطلاعیه‌ی دادستان، در وب-سایت اینترنتی به نشانی:

http://www.iranrights.org/farsi/memorial-case--4882.php

درمورد اتهامات ویژه **محمدکاظم** چنین می‌خوانیم:

> *" لازم به تذکر است که **محمدکاظم گلزاده‌غفوری** در حمله به مجلس و تیراندازی به طرف برادران پاسدار محافظ مجلس شورای اسلامی مشارکت مستقیم داشته از اعضاء فعال تیمهای نظامی منافقین بوده و در ترور ناموفق آقایان **حجت‌الاسلام خزعلی** و **حجت‌الاسلام موسوی‌تبریزی** دادستان کل انقلاب نیز نقش داشته است."*

همچنین اطلاعیه‌ی مزبور **محمدکاظم** را از اعضای گروهی از مجاهدین معرفی می‌کند که نامشان برده نشده ولی درکل به جرمهای زیر متهم شده‌اند:

> *" شرکت در تظاهرات مسلحانه، درگیری با برادران پاسدار، به شهادت رسانیدن افراد مؤمن به انقلاب، حضور در خانه‌های تیمی، عضویت در تیم‌های سازمانی، پرتاب کوکتل‌مولوتف به اماکن مختلف،*

شناسایی و ترور روحانیون سرشناس شخصیتهای مملکتی، حمل اسلحه و نارنجک جهت مقابله با مردم بی‌دفاع، اقدام به انفجار مراکز مختلفه و سرقت مسلحانه وسایل نقلیه و بانکها، و مقابله با اسلام و قرآن "

اتهامات منسوب به **محمدکاظم**، که به احتمال زیاد کم و بیش شامل **محمدصادق** نیز می‌شده است، به روشنی مشخص می‌دارد که انجام بیشترشان مربوط به همان چند روز پیش از دستگیری آنان نبوده و به احتمال زیاد شماری از آنها به پیش از مرگ **آیت‌الله طالقانی** نیز می‌رسیده است.

با توجه به اینکه همگان **آیت‌الله طالقانی** را رهبر و راهنمای اصلی مجاهدین دانسته و فرزندان وی را از اعضای هیأت مدیره‌ی آن سازمان به‌شمار می‌آورده‌اند و نیز ارشدیت مقام فرزندان **آیت‌الله علی گلزاده** در سازمان مزبور و احتمال عضویت آنان هم در کادر هیأت مدیره‌ی آن سازمان وجود داشته است و همچنین با توجه به شرکت **گلزاده** در مذاکرات محرمانه‌ی **آیت‌الله طالقانی** با سفیر شوروی در ساعات پیش از مرگ **طالقانی** امکان همکاری فرزندان **گلزاده** با **محمدرضا سعادتی** را در جریان جاسوسی برای روسیه شوروی، که دارای مجازات اعدام بوده است، از نظر نمی‌توان دور داشت.

هرچند که هر پدری برای نجات جان فرزندان خود از اعدام ممکن است به انجام جنایت تن در دهد ولی باز هم مطالب بالا را به تنهایی نمی‌توان دلیلی جهت انجام جنایت مورد نظر به‌شمار آورد.

اما، بطوری که دیدیم، **گلزادهٔ غفوری** قرار بوده است که صبح روز بعد به شوروی مسافرت نماید و به همین جهت در شب مور بحث در ساعت نه و نیم برای دیداربا سفیر شوروی و ملاقات و خداحافظی به منزل **طالقانی** رفته و تا ساعت ۱۲ در آنجا حضور داشته است.

حال، آنچه که بدگمانی نسبت به **دکتر گلزاده** درمورد مسموم ساختن **آیت‌الله طالقانی** را تقویت می‌نماید این است که وی، در همان شب، پس از مسلم شدن مرگ **طالقانی**، با شتاب، به قم رفته و در آنجا مدتی با **خمینی**، در خلوت، به گفتگو نشسته و بلافاصله به تهران برگشته است تا به سوی شوروی پرواز نماید!

در اینجا این سئوال پیش می‌آید که جز گزارش نتیجهٔ اقدام مورد نظر در مورد **طالقانی** و نیز گزارش جریان ملاقات سفیر شوروی، چه کار فوری و مهم دیگری را میتوان حدس زد که در روز پیش و روزهای پیش از آن امکان انجامش میسر نبوده و ضرورت داشته است که با آن سرعت و بلافاصله بعد از مرگ **طالقانی** صورت پذیرد؟!

گلزاده غفوری در مصاحبه‌ها و نوشته‌های بعدی خود (ازجمله در متن زیر) ضمن اعتراف به انجام این ملاقات، اغلب قول داده است که درمورد مذاکرات آن روز خود با **خمینی** مطالبی را فاش نماید ولی نگارنده تاکنون درجایی درباره‌ی موضوع مورد مذاکره در این ملاقات مطلبی ندیده و نخوانده است:

مصاحبه با گلزاده‌غفوری

" آخرین خاطره‌ای که من می‌توانم از ایشان ***[آیت‌الله طالقانی]*** *داشته باشم آن روزهای آخر در مجلس خبرگان که آنهائی که در مجلس خبرگان بودند می‌دانستند که یک اصلی در اصول قانون اساسی هست (اصل سوم) که در پیش‌نویس نبود.*
توفیق طرح این اصل را خداوند به من داد و در گروههای مختلف هفتگانه می‌رفتم و این اصل را تشریح می‌کردم.
مرحوم طالقانی *هم در گروه پنجم که مربوط به قوهٔ مجریه بود. اوائل شرکت نمی‌کردند ولی ما می‌گفتیم که خوب* ***آقا*** *حالا شما نظری دارید، فکری دارید لااقل عرضه می‌کنید و یادم هست تنها اصلی که ایشان بدان رأی داد، عکس و تفصیلش هم هست، همین اصل سوم بود که به ۱۶ بند آن رأی داد و بعد از اینکه با هم از مجلس بیرون می‌آمدیم، حدود نیم‌ساعتی بر روی صندلی نشستیم و با ایشان صحبتی داشتیم. ایشان خیلی از این اصل تجلیل می‌کرد ... [سخنی از اصل پنجم و ولایت فقیه و رأی ندادن* ***طالقانی*** *و خودش به آن به میان نمی‌آورد؟!]*
خاطرهٔ دیگر هم از شب آخر عمر ایشان بود که ایشان تلفن زدند و چند ساعتی با هم بودیم. *فکر می‌کنم این خاطره چیزی است که من باید در خاطرات زندگی خودم بنویسم ...*
<u>من صبح همان روزی که حدود یک بعد از نصفه شبش، مرحوم طالقانی به رحمت خدا رفتند، به خاطر یک وعدهٔ قبلی که با رهبر انقلاب داشتم به دیدارشان رفتم و آن آثار افسردگی در ایشان معلوم بوده که حالا تفسیر مذاکراتی که انجام شد به بعد موکول می‌کنم</u> *..."*
(روزنامه کیهان- مورخ ۱۹ شهریور ۱۳۵۹- صفحه ۱۳)

و اما آخرین و مهمترین دلیل در تقویت بدگمانی مزبور این است که گویا در شب مورد بحث **چه‌پور** و همسرش به اتفاق دختر و دامادش (**محمدرضا**، پسر **طالقانی**) در اتاق خود به سر می‌برده و در مذاکرات محرمانه‌ی سیاسی که بین **آیت‌الله طالقانی** با سفیر شوروی انجام می‌شده، حضور و شرکت نداشته‌اند. در این شرایط انجام پذیرایی به عهده‌ی خود مهمانان قرار داشته و **احتمال اینکه علی گلزاده‌غفوری وظیفه‌ی آوردن چای از آشپزخانه برای آیت‌الله طالقانی و دو نفر دیگر (حتی خودش) را به عهده داشته است، بسیار می‌باشد.**

در هر حال، پس از فوت **آیت‌الله طالقانی** برای **دکتر گلزاده** و فرزندانش، درمورد اقدامات سیاسی که تا آن زمان انجام داده بوده‌اند، مشکلی پیش نیامده است. وی در نخستین دوره‌ی مجلس شورای اسلامی نیز به عنوان نماینده از تهران انتخاب شده ولی پس از بازداشت دو پسرش، به جرم اقدامات تروریستی بعدی، و گویا به منظور وادار ساختن **خمینی** به آزاد ساختن و یا دست کم تخفیف در مجازات آنان در مجلس شورای اسلامی متحصن گردیده و نیز از شرکت در جلسات آن مجلس خودداری نموده است. این تحصن پس از اعدام دو پسرش، تا پایان دوره‌ی نخست مجلس شورای اسلامی نیز ادامه داشته است.

گلزاده پس از بیرون آمدن از تحصن، لباس روحانیت را ترک کرده و تا پایان عمر (یازدهم دیماه ۱۳۸۸) انزوا و خانه‌نشینی اختیار نموده است. و این بر پژوهشگران آینده می‌باشد که بر مبنای اسناد و آگاهی‌های تازه‌ای که به دست خواهند آورد درستی یا نادرستی بدگمانی نوشته شده در این متن را روشن سازند و دریابند که آیا این خانه‌نشینی و گوشه‌گیری فقط به علت ناراحتی حاصل از اعدام فرزندان بوده و یا اینکه شماتت و ناراحتی وجدان نیز در آن اثر داشته است.

ب- بدگمانی نسبت به چه‌پور، پدر همسر پسر طالقانی

متن زیر از سایت
http://www.pezhvakeiran.com/page1.php?id=7601 :
بازگو شده‌است و توضیح می‌دهد که **حاج‌محمد شانه‌چی**، از سرپرستان دفتر **آیت‌الله طالقانی** بوده و در شب وقوع حادثه به اتفاق یکی دیگر از سرپرستان آن دفتر، به نام **مهندس اسماعیل‌زاده**، برای دادن گزارشی از کار دفتر به منزل **آیت‌الله طالقانی** رفته بوده‌اند و شاید آنان نیز پس از خروج سفیر شوروی از آن منزل، در گفتگوهایی که با حضور دو نفر دیگر انجام می‌شده است، شرکت کرده باشند.
اینک متن سخنان **حاجی شانه‌چی**:

*" جریان کار این بود. عصر از دفتر می‌رفتم دفتر آقای **طالقانی**. آن شب هم سفیر شوروی (**ولادیمر میخائیلوویچ وینوگرادف**) اومده بود با **آقا** کار داشت. صحبت کردند تا ساعت حدود نه و نیم صحبت می‌کردند.*
*آقای **گلزاده‌غفوری** و آقای **مجتهدشبستری** می‌خواستند بروند شوروی. آقای **طالقانی** گفته بودند بیایند تا معرفی‌شون کنند به سفیر که سفیر سفارش‌شون بکنه تا اونجا چیز (مشکلی) نداشته باشند. خیلی **آقایون** اصرار می‌کردند به آقای **طالقانی** که شما باید به مجلسی که جای **مجلس مؤسسان** بود یعنی **خبرگان**، بروید.*
*آقای **طالقانی** نمی‌رفت و آنها می‌گفتند **آقا** حتماً بروید.*
*آقای **غفوری** و **شبستری** سفارش می‌کردند به آقای **طالقانی** که شما حتماً بروید **مجلس خبرگان**. می‌گفتند بحث **ولایت فقیه** است و اگر شما نروید اینها بدتر می‌کنند، شاید اگر شما بروید در رودربایستی قوانین بهتری بگذرانند. آقای **طالقانی** فرمودند حالا ببینیم چی می‌شه.*
***بعد سفیر شوروی رفت و اون آقایون هم رفتند و من رفتم** گزارش دفتر را دادم منجمله یک افسری آمده بود از افسران ارشد ارتش (آن افسر) شاغل نبود.*
*او تقاضای ملاقات کرد و گفتم آقا وقت نیست. آقای **طالقانی** فرمودند چون افسر است و شاید مطلب مهمی داشته باشد، بین ملاقاتی‌ها، ده دقیقه، یک ربعی وقت بدید...*

*من آمدم و تا دم در حیاط هم ما را مشایعت کردند آقای **طالقانی**، هیچوقت همچین کاری نمی کردند تا دمِ اتاق می‌آمدند پا می‌شدند ما هم خداحافظی می‌کردیم. آن شب آمدند تا دم در حیاط و یه قدری هم به من دعا کردند که خدا توفیق بده به شما و...*

*پسر آقای **طالقانی** هم آنجا بود. پسر کوچک‌شان که داماد آقای **شهپور [چه‌پور]** است.*

***شهپور [چه‌پور]** که پدر زن پسر کوچک آقای **طالقانی** است، صاحبخانه بود.*

*آن شب ایشون داشت می‌رفت من بهش گفتم **محمدرضا** مگر دیوانه شده‌ای، این وقت شب ساعت دوازده، خانه به این بزرگی، یک حیاط بزرگی بود. گفتم اینجا بخواب صبح برو.*

*صاحبخانه گفت: چکارش داری آقای **شانه‌چی**، خانه خودشان راحت‌ترند. بگذارید بروند. من تعجب کردم آخر یک پدرزن به دخترش می‌گه ساعت ۱۲ شب که برو خانه خودت! خانه‌اش هم دور بود، خیلی دور بود. خب رفتند گفتم حالا راحت‌ترند.*

***خانم آقای طالقانی** هم آن شب نبود. دو روز قبل فرستاده بودند مشهد، زیارت **امام رضا**.*

*پاسدار نگهبان آقای **طالقانی** هم آن شب در منزل نبود. مرخصش کرده بودند.*

*من رفتم منزل، ساعت ۱۲ شب بود. توی راه که داشتم می‌رفتم اخبار ساعت ۱۲ شب را داشتند می‌گفتند. رفتم منزل نماز خواندم و نماز نخوانده بودم و یک شامی نمی‌دونم چی بود خوردم و ساعت نزدیک ۲ شد می‌خواستم بخوابم، یک شَمَدی چیزی رویم بِکشم و بخوابم، تلفن زنگ زد، تلفن را برداشتم یک‌نفری گفت **من در مورد آقای طالقانی یک خبر بدی شنیدم**، گفتم اشتباه می‌کنی آقای **طالقانی** سلامت بودند و حالشان خوب بود و من آمدم خانه.*

*تلفن را گذاشتم زمین، دومرتبه می‌خواستم بخوابم یک نفر دیگر زنگ زد او هم همین را گفت. وقتی گفت من یه قدری ناراحت شدم .گفتم خانه ما نزدیکه دیگه، من فوری آمدم. **حسین** پسر کوچکم صدای ما را می‌شنید گفت آقاجان من هم میام گفتم بیا . من همین جوری با پیراهن و زیر شلواری که می‌خواستم بخوابم رفتیم.*

در خونه را که باز کردم بیام بیرون سر کوچه یک ماشین پاسدار ایست داد من خودم را معرفی کردم، آن رئیس‌شان آمد منو بغل کرد و روبوسی کرد و شروع کرد به گریه کردن. ما فهمیدیم خبر راست است.

*با عجله رفتم دیدم که آقای **طالقانی** را خواباندند رو به قبله و بستند، شکمش را بستند، چشمانش را بسته و رو به قبله خوابانده‌اند و صاحبخانه نیست اما دختر بزرگ‌شان **وحیده خانم** و **مخلصی** دامادشان آنجا ایستاده بودند و جنازه هم اون وسط، گفتم صاحبخانه کو؟ گفتند رفته دنبال **دکتر شیبانی**.*

*حالا دکتر **شیبانی** پل چوبی است خانه‌شان، تا اینجا [یعنی تا منزل آقای **طالقانی**] فاصله‌اش خیلی زیاد است. منزل **آیت‌الله طالقانی** سر چهارراه آب سردار بود. سرِ چهارراه آب سردار شش تا بیمارستان اون اطراف است. بیمارستان طَرفه، بیمارستان شفا یحیائیان، بیمارستان سوانح سوختگان، بیمارستان... سه چهار شش بیمارستان است اون اطراف که اگر فریاد می‌کشیدند پرستارا می‌اومدند. ایشون رفته اونجا تا **شیبانی** را بیاورد ؟*
*بعدگفتم تلفن، گفتند تلفن قطع است. تلفن قطع است و تلفن همسایه **حاج مرتضی** نامی را... گفتم سر شب که تلفن قطع نبود حالا چطور تلفن قطع شده ؟...*
*این جریان گذشت و کم‌کم نفرات اومدند. شاید، شاید اولین نفر **دکتر یدالله سحابی** بود، بعد **صباغیان** آمد یه قدری بعدتر آقای **مهندس بازرگان** آمدند. سایرین آمدند و جمعیت زیاد شد.*
جمعیت زیاد شد و بعد تازه صاحبخانه آمد. وقتی آمد گفتم:
***حاجی** من که رفتم که **آقا** حالشون خوب بود چطور شد؟ گفت بله بعد از آنکه تو رفتی **آقا** شام خوردند و رفتند بالا بخوابند من دیدم صدای آب ریختن میاد و صدای دستشویی میاد و... رفتم بالا ببینم چه خبره، دیدم **آقا** حالت استفراغ دارند..گفتم چه‌تون شده ؟ گفت نمیدونم گفتم شاید سرما خوردین. بخوابین تا براتون روغن بزنم.*
*یک روغنی آوردم و پهلوشون مالیدم و شال گرمی هم به پهلوشون بستم و رفتم **شیبانی** را بیارم...*
*گفتم خب این بیمارستان‌ها این بغل بود. گفت نه من دیگه گفتم شال را بستم و برم **شیبانی** را بیارم **شیبانی** از خودمونه رفتم دنبال **شیبانی**. گفتم پس چرا **شیبانی** را نیاوردی که نمی‌دونم دیگه چی جواب داد که من الان یادم نیست. اینا گفت و کم‌کم جمعیت آمدند و جمعیت خیلی زیاد شد...*
*گفتند تشییع جنازه اینجا خیلی مشکله، با شُورِ **مهندس بازرگان** که به اصطلاح نخست‌وزیر وقت بودند گفتند خب می‌ریم دانشگاه در مسجد دانشگاه تهران.*
جنازه را بلند کردند..."

از سخنان بالا، کمی هم بوی اشتباه و یا شاید غرض‌ورزی به مشام می‌رسد. زیرا این شخص مدتی پس از قطعی شدن فوت **طالقانی**، توسط دو نفر مختلف، از وقوع آن آگاهی یافته و نیز هنگامی که از منزل خارج شده است، حتی پاسداران گشت هم از آن رخداد آگاه بوده‌اند. وی پس از رسیدن به منزل **طالقانی**، پیکر بی‌جان او را مشاهده کرده و دختر و داماد او و بی‌گمان افراد دیگری را هم که پس از آگاهی از فوت **طالقانی** خود را به آنجا رسانده بوده‌اند، دیده است. همچنین در خاطرات **چه‌پور** دیدیم که گفته بود:

" به همسرم گفتم: تا آقا **محمدرضا** دکتر را بیاورد، من می‌روم از *بیمارستان شفا یحیائیان* دکتر و دستگاه اکسیژن بیاورم. بعد از برگشتن، دکتر هم آمده بود و گفت: کار از کار گذشته و تمام شده است! "

پس در این شرایط **ولی‌الله چه‌پور** برای آوردن **دکتر شیبانی** برای معالجه‌ی **طالقانی** نرفته بوده، بلکه بی‌گمان رفتنش به منظور آگاه ساختن او از فوت **طالقانی** و درخواست راهنمایی و کمک بوده است.

به ویژه اینکه رفتن **چه‌پور** از منزل خود در آب سردار تا منزل **دکتر شیبانی** در پل چوبی، با اتومبیل **طالقانی**، که در اختیارش بوده، بیش از چند دقیقه به طول نمی‌انجامیده است.

برخی حوادث پس از مرگ آیت‌الله طالقانی

۱ – امام جمعگی آیت‌الله منتظری

" آیت‌الله منتظری امام جمعه تهران شد –
این اطلاعیه دیروز از دفتر امام خمینی منتشر شد:

بسمه‌تعالی
بنا به امر حضرت آیت‌الله عظمی امام خمینی، مجاهد بزرگ حضرت حجت‌الاسلام و المسلمین آیت‌الله جناب آقای حاج شیخ حسین‌علی منتظری به امامت جمعه در دانشگاه تهران انتخاب شد. "
(روزنامه اطلاعات- مورخ ۲۰ شهریور ۱۳۵۸- صفحه ۳)

درضمن این نکته قابل توجه است که در همین شماره روزنامه‌ی اطلاعات (در صفحه ۱۰)، پیام **آیت‌الله خمینی** به مناسبت درگذشت **آیت‌الله طالقانی**، خطاب به ملت ایران نوشته شده که وی در آن عنوان مذهبی **طالقانی** را **حجت‌الاسلام والمسلمین** ذکر کرده است!

۲ – تغییر نام خیابان تخت‌جمشید به خیابان طالقانی

" خیابان تخت‌جمشید خیابان طالقانی شد
سخنگوی شهرداری تهران اعلام کرد: خیابان تخت‌جمشید از تقاطع خیابان شریعتی تا خیابان قدس، روبروی دانشگاه تهران، به نام مجاهد کبیر، آیت‌الله طالقانی، نام‌گذاری شده‌است. "
(روزنامه اطلاعات- مورخ ۲۹ شهریور ۱۳۵۸- صفحه ۲)

پایان

نام‌یاب

آ

آل نحوی: ۶/

آل برغانی: ۶/

آل صالحی: ۶/

آل عطار: ۶/

آل علوی شهید: ۶/

آل شهید ثالث: ۶/

آل فشندی: ۶/

ا

احمدزاده، مسعود [از مؤسسان سازمان فدائیان خلق]: ۴۰/

احمدزاده، طاهر: ۸۵/

اراکی، شیخ محمدعلی (آیت‌الله‌العظمی): ۲۳/

ازهاری، غلامرضا (ارتشبد): ۸۹/

استافر، استفانی.س: ۵۰/

اسحق‌بن‌عمار: ۲۲/

اسماعیل‌زاده، ؟ (مهندس): ۷۷، ۹۹/

امیرانتظام، عباس: ۵۲، ۵۴/

امیررحیمی، عزیزالله (سرهنگ): ۶۰/

ب

بابائی، علی: ۳۷/

بازرگان، عبدالعلی: ۵۳/

بازرگان، مهدی (مهندس): ۱۰، ۲۸، ۳۰، ۳۲، ۳۸، ۴۰، ۴۱، ۴۲، ۴۵،۴۸، ۵۳، ۶۰، ۸۴، ۸۶، ۸۸، ۱۰۱/

بدیع‌زادگان، علی‌اصغر: ۴۰/

برغانی، محمدتقی (ملا): ۶/

بسته‌نگار، محمد: ۸۹، ۹۴/

بنی‌صدر، ابوالحسن: ۴۵، ۶۸، ۶۹/

بوعلی سینا: ۷۴/

بومن، ه. میلر: ۵۰/

بهشتی، محمدحسین (دکتر): ۳، ۴، ۴۵، ۶۹، ۷۱، ۸۰، ۸۴، ۸۵، ۸۷، ۹۰/

پ

پهلوی، رضا (شاه): ۹، ۱۰، ۱۵، ۱۶، ۱۷/

پهلوی، محمدرضا (شاه): ۲۷، ۲۸، ۳۶/

ت

توسلی، محمد (مهندس): ۴۱/

ث

ثابتی، پرویز: ۲۷/

ج

جزنی، بیژن: ۴۰/

جعفرصادق (امام): ۲۲، ۳۲/

جعفری، محمدمهدی (دکتر): ۳۰، ۳۷، ۳۸/

جمشیدی، اسماعیل: ۷۹/

جناب، ؟ (سرهنگ): ۳۲/

105

کتابهای دیگری از همین پژوهشگر:

۱ ـ نویافته‌هائی در ارتباط با محمد مصدق
۲ ـ خاندان مستوفیان آشتیانی،
از بالاترین نیا تا محمد مصدق
۳ ـ زندگی‌نامه محمد مصدق ـ
از تولد تا پایان تحصیلات و اخذ تابعیّت سویس
٤ ـ راه رضاشاه بزرگ
٥ ـ راه‌آهن سرتاسری ایران ـ
رضا شاه بزرگ و محمد مصدق
٦ ـ بلای سلمان رشدی و آیات شیطانی،
بلائی دیگر از سوی خمینی
۷ ـ اسرار قتل میرزا علی‌اصغر خان اتابک،
معرفی قاتلان واقعی و آمران و شرکاء جنایت
۸ ـ شناخت مظفرالدینشاه و احمدشاه برپایهٔ اسناد
۹ ـ گفته‌نشده‌ها در باره روح‌الله خمینی
۱۰ ـ خاندان (امام) خمینی
۱۱ ـ قرارداد بسیار زیانبخش آرمیتاژسمیت، از مقدمات تا اجراء
۱۲ ـ پنج ترور تاریخی راهگشای صدارت مصدق
۱۳ ـ اسرار مستند قتل سرتیپ محمد افشارطوس